国家"双一流"建设学科
辽宁大学应用经济学系列丛书
===== 青年学者系列 =====
总主编◎林木西

# 东北老工业基地制度创新研究

Research on Institutional Innovation of Northeast Old Industrial Base

梁颜鹏 著

中国财经出版传媒集团
经济科学出版社
Economic Science Press

## 图书在版编目（CIP）数据

东北老工业基地制度创新研究/梁颜鹏著.—北京：经济科学出版社，2019.5

（辽宁大学应用经济学系列丛书.青年学者系列）

ISBN 978-7-5218-0516-1

Ⅰ.①东… Ⅱ.①梁… Ⅲ.①老工业基地-制度建设研究-东北地区 Ⅳ.①F427.3

中国版本图书馆 CIP 数据核字（2019）第 083308 号

责任编辑：于海汛　陈　晨
责任校对：王苗苗
责任印制：李　鹏

### 东北老工业基地制度创新研究

梁颜鹏　著

经济科学出版社出版、发行　新华书店经销
社址：北京市海淀区阜成路甲 28 号　邮编：100142
总编部电话：010-88191217　发行部电话：010-88191522
网址：www.esp.com.cn
电子邮件：esp@esp.com.cn
天猫网店：经济科学出版社旗舰店
网址：http://jjkxcbs.tmall.com
北京季蜂印刷有限公司印装
710×1000　16 开　12.25 印张　180000 字
2019 年 6 月第 1 版　2019 年 6 月第 1 次印刷
ISBN 978-7-5218-0516-1　定价：45.00 元
(图书出现印装问题，本社负责调换。电话：010-88191510)
(版权所有　侵权必究　打击盗版　举报热线：010-88191661
QQ：2242791300　营销中心电话：010-88191537
电子邮箱：dbts@esp.com.cn)

# 总　序

本丛书为国家"双一流"建设学科辽宁大学"应用经济学"系列丛书，也是我主编的第三套系列丛书。前两套丛书出版后，总体看效果还可以：第一套是《国民经济学系列丛书》（2005年至今已出版13部），2011年被列入"十二五"国家重点出版物出版规划项目；第二套是《东北老工业基地全面振兴系列丛书》（共10部），在列入"十二五"国家重点出版物出版规划项目的同时，还被确定为2011年"十二五"规划400种精品项目（社科与人文科学155种）。围绕这两套系列丛书还取得了一系列成果，获得了一些奖项。

主编系列丛书从某种意义上说是"打造概念"。比如说第一套系列丛书也是全国第一套国民经济学系列丛书，主要为辽宁大学国民经济学国家重点学科"树立形象"；第二套则是在辽宁大学连续获得国家社科基金"八五"至"十一五"重大（点）项目，围绕东北（辽宁）老工业基地调整改造和全面振兴进行系统研究和滚动研究的基础上持续进行探索的结果，为促进我校区域经济学建设、服务地方经济做出了新贡献。在这一过程中，既出成果也带队伍、建平台、组团队，我校应用经济学学科建设也不断跃上新台阶。

主编第三套丛书旨在使辽宁大学应用经济学一级学科建设有一个更大的发展。辽宁大学应用经济学学科的历史说长不长、说短不短。早在1958年建校伊始，便设立了经济系、财政系、计统系等9个系，其中经济系由原东北财经学院的工业经济、农业经济、贸易经济三系合成，财税系和计统系即原东北财经学院的财信系、计统系。后来院系调整，将经济系留在沈阳的辽宁大学，将财政系、计统系迁到大连组建辽宁财经学院（即现东北财经大学前身），对工业经济、农业经济、贸易经济三个专业的学生培养到毕业为止。由此形成了辽宁大学重点发展理论经济学（主要是政治经济学）、辽宁财经学院重点发展应用经济学的大体格局。实际上，后来辽宁大学也发展了应用经济学，东北财经大学也发展了理论经济学，发展得都不错。1978年，辽宁大学恢复招收工业经济本科生，1980年受人民银行总行委托、经教育部批准开始招收国际金融本科生，1984年辽宁大学在全国第一批成立了经济管理学院，增设计划统计、会计、保险、投资经济、国际贸易等本科专业。到20世纪90年代中期，辽宁大学已有西方经济学、世界经济、国民经济管理、国际金融、工业经济5个二级学科博士点，当时在全国同类院校似乎不多见。1998年建立国家重点教学基地"辽宁大学国家经济学基础人才培养基地"，同年获批建设第二批教育部人文社科重点研究基地"辽宁大学比较经济体制研究中心"（2010年改为"转型国家经济政治研究中心"）。2000年，辽宁大学在理论经济学一级学科博士点评审中名列全国第一；2003年，辽宁大学在应用经济学一级学科博士点评审中并列全国第一；2010年，新增金融、应用统计、税务、国际商务、保险等全国首批应用经济学类专业学位硕士点；2011年，获全国第一批统计学一级学科博士点，从而实现了经济学、统计学一级学科博士点"大满贯"。

在二级学科重点学科建设方面，1984年，外国经济思想史即后来的西方经济学、政治经济学被评为省级重点学科；1995年，西方经济学被评为省级重点学科，国民经济管理被确定为省级重点扶持学科；1997年，西方经济学、国际经济学、国民经济管理被评为省级重点学科和重点扶持学科；2002年、2007年国民经济学、世界经济连续两届被评为国家重点学科；2007年，金融学被评为国家重点学科。

在一级学科重点学科建设方面，2017年9月，被教育部、财政部、国家发展和改革委员会确定为国家"双一流"建设学科。辽宁大学确定的世界一流学科建设口径范围为"应用经济学"，所对应的一级学科为应用经济学和理论经济学，成为东北地区唯一一个经济学科"双一流"建设学科。这是我校继1997年成为"211"工程重点建设高校20年之后学科建设的又一次重大跨越，也是辽宁大学经济学科三代人共同努力的结果。此前，应用经济学、理论经济学于2008年被评为第一批一级学科省级重点学科，2009年被确定为辽宁省"提升高等学校核心竞争力特色学科建设工程"高水平重点学科，2014年被确定为辽宁省一流特色学科第一层次学科，2016年被辽宁省人民政府确定为省一流学科。

在"211工程"建设方面，应用经济学一级学科在"九五"立项的重点学科建设项目是"国民经济学与城市发展""世界经济与金融"；"十五"立项的重点学科建设项目是"辽宁城市经济"；"211工程"三期立项的重点学科建设项目是"东北老工业基地全面振兴""金融可持续协调发展理论与政策"，基本上是围绕国家重点学科和省级重点学科而展开的。

经过多年的学科积淀与发展，辽宁大学应用经济学、理论经济学、统计学"三箭齐发"，国民经济学、世界经济、金融学国家重点学科"率先突破"，由"万人计划"领军人才、长江学者特聘教授领衔，中青年学术骨干梯次跟进，形成了一大批高水平的学术成果，培养出一批又一批优秀人才，多次获得国家级科研、教学奖励，在服务东北老工业基地全面振兴等方面做出了积极的贡献。

编写这套《辽宁大学应用经济学系列丛书》主要有三个目的：

一是促进"应用经济学"一流学科全面发展。以往辽宁大学应用经济学主要依托国民经济学和金融学国家重点学科和省级重点学科进行建设，取得了重要进展。这个"特色发展"的总体思路无疑是正确的。进入"十三五"时期，根据"双一流"建设需要，本学科确定了区域经济学、产业经济学与东北振兴，世界经济、国际贸易学与东北亚合作，国民经济学与地方政府创新，金融学、财政学与区域发展，政治经济学与理论创新等五个学科方向。其目标是到2020年，努力将本学科建设成为立足于东北经济社会发展、为东北振兴和东北亚合作做出应有贡献的一流学科。因此，本套丛书旨在为实现这一目标提供更大的平台支持。

二是加快培养中青年骨干教师茁壮成长。目前，本学科已建成由长江学者特聘教授、"万人计划"第一批教学名师、国务院学位委员会学科评议组成员、全国高校首届国家级教学名师领衔，"万人计划"哲学社会科学领军人才、教育部新世纪优秀人才、教育部教指委委员、省级教学名师、校级中青年骨干教师为中坚，以老带新、新老交替的学术梯队。本丛书设学术、青年学者、教材三个子系列，重点出版中青年教师的学术著作，带动他们尽快脱颖而出，力争早日担纲学科建设。本丛书设立教材系列的目的是促进教学与科研齐头并进。

三是在经济新常态、新时代、新一轮东北老工业基地全面振兴中做出更大贡献。面对新形势、新任务、新考验，我们力争提供更多具有原创性的科研成果、具有较大影响的教学改革成果、具有更高决策咨询价值的"智库"成果。

这套系列丛书的出版，得到了辽宁大学党委书记周浩波教授、校长潘一山教授和中国财经出版传媒集团副总经理、经济科学出版社社长吕萍的支持。在丛书出版之际，谨向所有关心支持辽宁大学应用经济学建设和发展的各界朋友，向辛勤付出的学科团队成员表示衷心的感谢！

林木西

2018年劳动节于蕙星楼

# 前　言

20世纪90年代以前，东北老工业基地作为我国最重要的工业基地，一度是我国经济较发达的地区，随着改革开放的不断深入，由于历史和现实等原因，东北老工业基地的经济发展速度逐渐落后于东部沿海地区。面对东北老工业基地日渐衰落的严峻形势，2003年10月，中共中央、国务院发布《中共中央、国务院关于实施东北地区等老工业基地振兴战略的若干意见》，将振兴东北老工业基地上升为国家战略。在振兴东北战略实施的近15年时间里，东北地区的经济发展取得了一定的进步，但制约东北老工业基地全面振兴的体制机制等因素的深层次问题尚未得到有效解决，从2014年下半年开始，东北经济下行压力不断增大，辽宁省甚至出现了负增长。面对东北地区的现实困境，2016年4月，中共中央、国务院发布《中共中央、国务院关于全面振兴东北地区等老工业基地的若干意见》，进一步提出了关于东北老工业基地新一轮全面振兴"四个着力"的总要求。东北地区能否抓住这一重要战略机遇期，按照党中央、国务院的重大战略部署，结合自身实际，通过不断改革创新，谋求更快、更大发展，决定了东北老工业基地全面振兴能否顺利实现。从中国和东部沿海发达地区的发展经验以及东北老工业基地的发展现状来看，制度创新无疑起着决定性作用。

基于这样的背景，本书主要运用马克思主义经济学、制度经济学、新制度经济学和东北老工业基地振兴理论，首次在东北老工业基地制度创新问题中，以最为核心的企业、市场和地方政府三大主体，作为制度创新的研究对象，并系统分析了其对东北振兴的影响。首先从国外和国内两个方面分别对制度创新研究领域的文献进行了梳理和简要评价,并介绍了马克思主义经济学、制度学派、新制度学派、发展经济学和东北老工业基地全面振兴理论,关于制度创新对经济增长影响的相关理论。在此基础上,进行了东北老工业基地制度创新的现状分析、实证分析和效应分析。现状分析方面,主要分析了东北老工业基地制度创新的历史演进、存在的主要问题以及制约东北振兴的主要制度因素;在实证分析方面,分析了东北老工业基地企业制度创新、市场制度创新和地方政府制度创新的现状、问题及主要原因;效应分析方面,首次构建了将企业制度、市场制度和地方政府制度作为内生因素的经济增长模型,并运用计量经济学方法进行了企业、市场和政府三大主体对东北经济增长影响的直接效应和间接效应分析。在对三大主体制度创新问题进行分析之后,又对德国"鲁尔区"、美国"锈带地区"、日本"九州地区"、中国"长江三角洲"和"珠江三角洲"地区等主要国家和地区的制度创新进行了比较与借鉴。最后,结合分析结论和比较借鉴,对东北老工业基地企业制度创新、市场制度创新和地方政府制度创新,提出了一些有针对性和可操作性的对策建议。

# 目 录

第一章　导论 …………………………………………………… 1

第二章　国内外文献综述 ………………………………………… 6
　第一节　国外文献综述 ……………………………………… 6
　第二节　国内文献综述 ……………………………………… 10

第三章　制度创新对经济增长影响的相关理论 …… 17
　第一节　基本理论 …………………………………………… 17
　第二节　相关理论 …………………………………………… 25
　第三节　理论模型 …………………………………………… 29

第四章　东北老工业基地制度创新现状分析 ………… 33
　第一节　东北老工业基地制度创新的历史演进 ………… 33
　第二节　东北老工业基地振兴中存在的主要问题 ……… 38
　第三节　制约东北老工业基地振兴的制度因素分析 …… 41

第五章　东北老工业基地制度创新实证分析 ………… 44
　第一节　企业制度创新 ……………………………………… 44
　第二节　市场制度创新 ……………………………………… 87
　第三节　地方政府制度创新 ……………………………… 107

## 第六章　东北老工业基地制度创新效应分析 ……… 118

第一节　制度创新对东北老工业基地经济增长的
　　　　直接效应分析…………………………………… 118

第二节　制度创新对东北老工业基地经济增长的
　　　　间接效应分析…………………………………… 125

## 第七章　主要国家和地区制度创新的比较与借鉴 …… 132

第一节　发达国家老工业地区的做法……………………… 132

第二节　国内发达地区制度创新的经验总结……………… 142

## 第八章　东北老工业基地制度创新的政策建议 ……… 148

第一节　推动东北老工业基地企业制度创新……………… 148

第二节　推进东北老工业基地市场制度创新……………… 157

第三节　推进东北老工业基地地方政府制度创新………… 161

**附录** ………………………………………………………… 165

**参考文献** …………………………………………………… 169

**后记** ………………………………………………………… 185

# 第一章

# 导　　论

## 一、问题的提出

东北老工业基地作为我国最为重要的原材料基地和重化工业基地，曾经是新中国工业的摇篮，为我国建成独立完整的工业体系和国民经济体系，为国家的工业化建设作出了历史性的重大贡献。1978年以前，东北（辽宁）的经济发展水平一直处于全国领先地位。20世纪90年代以来，东北老工业基地体制性和结构性矛盾加剧，经济发展日渐缓慢，与沿海发达地区的差距日益增大。2003年10月，中共中央、国务院发布《中共中央、国务院关于实施东北地区等老工业基地振兴战略的若干意见》，明确了实施振兴东北老工业基地战略的指导思想、方针任务和政策措施。实施振兴东北战略前十年，东北三省经济社会发展加快，地区生产总值增速高于全国平均水平两个百分点。但2014年下半年以来，东北经济下行压力不断增大，体制机制的深层次问题进一步显现，辽宁甚至出现了负增长。面对东北老工业基地的现实困境，2016年4月，中共中央、国务院发布《中共中央、国务院关于全面振兴东北地区等老工业基地的若干意见》，并提出了关于东北老工业基地新一轮全面振兴"四个着力"的总要求，即"着力完善体制机制、着力推进结构调整、着力鼓励创新创业、着力保障和改善民生"，为东北老工业基地的进一步发展提供了政策意见。

改革开放40年来,中国发生了翻天覆地的变化,经济保持持续稳定快速增长,各项工作都取得了举世瞩目的成就。这一系列成绩的取得皆有赖于中国结合自身实际情况,成功实现了从计划经济体制向社会主义市场经济体制的转变。东部沿海等地区借助着国家相关扶持政策,并结合自身发展实际,通过区域性创新迅速崛起。从中国和东部沿海发达地区的发展经验来看,制度创新无疑起着决定性作用。面对东北老工业基地新一轮全面振兴的重要战略机遇期,能否抓住机遇,按照党中央、国务院的重大战略部署,结合自身实际,通过不断改革创新,谋求更快、更大发展,决定了东北老工业基地全面振兴能否顺利实现。

东北老工业基地全面振兴重在创新,关键在于制度创新。东北老工业基地的区位因素、经济结构、产业结构、资源环境等都有一定的特殊性,这就决定了东北老工业基地的制度创新问题必须结合自身实际,不能完全照搬照抄国内外的某些经验和做法。东北老工业基地制度创新的核心问题,是企业、市场和地方政府三大主体的制度创新问题。本书正是基于这样的背景下,对东北老工业基地振兴中的制度创新问题展开研究。

## 二、研究的意义

### (一) 理论意义

对东北老工业基地制度创新进行研究,其理论意义主要体现在:

(1) 进一步丰富内生经济增长理论。传统的经济增长理论主要从劳动、资本和技术等因素分析其对经济增长的影响,新经济增长理论将技术进步作为内生变量纳入经济增长模型。本书侧重将制度因素作为内生变量纳入经济增长理论框架,分析制约东北老工业基地经济增长的制度因素,这是对内生经济增长理论的进一步丰富和完善。

(2) 推动新制度经济学的发展。制度经济学包括新制度经济学相关理论,主要从一般意义上分析制度对经济增长的影响,本书着重从企业制度创新、市场制度创新和地方政府制度创新三个层面,分析东北老工业基地全面振兴的主要动力,这对制度经济学和新制度经济学的应用和发展具有一定的理论意义。

(3) 对发展经济学提供不可多得的素材。中国作为世界最大的发展中国家,其发展受到世界的广泛关注,东北老工业基地的全面振兴对于中国的协调稳定发展又具有十分重要的战略意义。本书对东北老工业基地制度创新这一核心问题进行深入的分析和研究,对于以发展中国家转型和发展为主要研究对象的发展经济学及其相关理论的丰富和完善,具有启示和借鉴意义。

(二) 现实意义

(1) 对东北老工业基地新一轮全面振兴的重要意义。振兴东北老工业基地重在创新,关键在于制度创新。只有有效推进制度创新,才能推进东北老工业基地新一轮全面振兴。本书针对东北老工业基地振兴中的制度创新这一核心问题展开深入研究,并结合东北老工业基地自身实际,提出相应的对策性建议,对促进东北老工业基地高质量发展具有重要的现实意义。

(2) 对全国及世界老工业基地改造振兴的借鉴意义。本书以东北老工业基地为研究对象,深入分析制约东北经济社会发展的制度因素,不仅对东北地区而且也对中国其他老工业基地的改造和振兴,以及世界各国老工业基地的改造发展都具有一定的借鉴意义。

## 三、研究的方法

(一) 规范分析与实证分析相结合

本书主要运用马克思主义经济学、制度经济学、新制度经济学和东北老工业基地振兴理论,在对东北老工业基地制度创新现状、问题及成因进行分析的同时,运用了大量相关数据进行实证分析,并运用面板数据计量回归分析方法,对企业制度、市场制度和地方政府制度创新对东北老工业基地经济增长的直接效应和间接效应，进行系统的分析。

(二) 比较分析法

本书在分析东北老工业基地制度创新的同时，运用了纵向比较和横向比较的分析方法，通过对东北老工业制度创新的历史演进和东北老工业基地与国内其他地区制度创新的差距进行分析，并通过与主要发达国家老工业基地调整改造做法的比较，分析东北老工业基地制度创新存在的问题和主要原因，通过经验总结和比较分析为东北老工业基地制度创新提出有针对性的政策建议。

## 四、基本结构与主要内容

本书研究的是东北老工业基地振兴中的制度创新问题，共分为七章，主要内容如下：

第一章 导论。本章主要分析东北老工业基地振兴中制度创新问题的背景和意义、逻辑思路和研究方法、基本结构与主要内容，并说明研究的创新点及存在的不足。

第二章 国内外文献综述。本章从国外和国内两个方面分别对制度创新研究领域的文献进行了梳理和简要的分析评价。

第三章 制度创新对经济增长影响的相关理论。本章首先分析了制度创新对经济增长影响的相关理论，其中包括马克思主义经济学、制度经济学、新制度经济学、发展经济学和东北老工业基地振兴理论等相关理论，随后介绍了经济增长模型的演进，并在相关研究的基础上构建了将企业、市场和地方政府制度作为内生因素的经济增长模型。

第四章 东北老工业基地制度创新现状分析。本章通过对东北老工业基地体制变迁演进进行梳理，指出了东北老工业基地振兴中存在的主要问题，并分析了制约东北老工业基地振兴的主要制度因素及制度创新的特殊性。

第五章 东北老工业基地制度创新实证分析。本章从东北老工业基地企业制度、市场制度和地方政府制度创新的现状入手，分析了东北老工业基地企业制度创新、市场制度创新和地方政府制度创新存在的问题。

第六章 东北老工业基地制度创新效应分析。本章结合现有关于制度创新问题的理论与实证模型研究成果，将企业制度创新、市场制度创新和地方政府制度创新纳入经济增长模型中，并通过实证检验，得出模型估计结果，并对结果进行了经济学分析。

第七章 发达国家和地区制度创新的经验总结。本章分别对国外老工业地区和国内发达地区发展过程中的制度创新经验进行了经验介绍和总结，以期对东北老工业基地振兴中的制度创新问题提供有益的借鉴。

第八章 东北老工业基地制度创新的政策建议。本章结合东北老工业基地制度创新问题的理论与实证分析及发达国家和地区制度创新的经验总结，提出了解决东北老工业基地制度创新问题的政策和建议。

## 五、主要创新点及不足

本书可能的创新点主要体现在以下几个方面：

（1）首次在东北老工业基地制度创新问题中，以最为核心的企业、市场和地方政府三大创新主体，作为制度创新的研究对象，并系统分析了其对东北振兴的影响，尤其对东北地区的"强政府、弱企业、弱市场"的特征及其影响进行了分析和论证。

（2）在对东北老工业基地制度创新进行实证分析时，首次将企业、市场和地方政府作为内生变量，纳入经济增长模型，并分析了三大制度创新主体对经济增长的直接效应和间接效应。

（3）在对东北老工业基地新一轮振兴进行分析时，紧紧围绕指企业制度创新、市场制度创新和地方政府制度创新这一主题，提出了一些具有针对性和可操作性的对策建议。

本书的不足之处在于：由于数据资料所限，仅选取了具有一定代表性的指标和数据进行分析，对东北老工业基地制度创新问题的实证分析应进一步全面和完善。

# 第二章

# 国内外文献综述

## 第一节 国外文献综述

### 一、制度创新对经济增长影响的理论研究

科斯（1937）首次提出了交易成本的概念，把产权问题纳入经济学研究之中，并认为产权的界定是市场交易的前提条件，只有在交易成本为零的情况下，传统新古典经济学提出的市场机制才是充分有效的，最终的产值最大化结果不受法律状况影响，也不存在外部性；而在交易成本不为零的情况下，产权的初始界定会影响经济制度的运行效率，并且由于外部性的存在会导致市场机制失灵。

刘易斯（1955）在分析经济增长的主要因素时，指出制度是影响经济增长的重要因素，经济增长一方面取决于可利用的自然资源，另一方面则取决于人的行为。在自然资源大致相等的情况下发展却存在巨大差异的事实说明，人的行为对经济增长有着深刻的影响。决定经济增长的人的行为分为直接原因（近因）和间接原因（近因的起因）两个方面，前者包括从事经济活动的努力程度、知识水平的提高与知识的运用

和资本积累，后者则是指制度与信念。这里提到的制度主要指的是正式制度，其对经济增长是促进还是限制，主要取决于制度对人们的努力是否加以保护，以及为专业化发展提供的机会和对活动自由的限制程度。人们在从事经济活动时做出努力的前提是，成果属于他们自己或属于他们承认有权占有的人，为此社会改革者们针对制度不断的努力，目的是使制度能够为人们的"努力成果"提供更好的保护。

诺思（1971，1973）在制度变迁或制度创新领域做出了创造性的贡献，提出了著名的制度变迁理论。认为制度是经济增长的关键因素，一种能够提供适当个人刺激的有效制度是促进经济增长的决定因素。而传统经济学所分析的规模经济、教育、资本积累等因素，并不是影响经济增长的原因，只是由制度创新带来的经济增长的结果或表现，只有制度因素或制度创新真正对经济增长起决定作用。由于经济组织是否有效率决定了经济能否增长，而经济组织的效率又取决于制度创新，因此制度创新是经济增长的关键。通过将交易费用和产权理论引入经济史研究，可以看出有效的产权结构是经济活力的源泉，因为国家决定产权结构，所以国家最终要对造成经济增长、衰退或停滞的产权结构效率负责。通过建立以产权为基础、以制度变迁为核心的经济增长分析框架，可以看出制度环境是一系列用来建立生产、交换与分配基础的基本的政治、社会和法律基础规则，制度环境是可以改变的。如果预期的净收益超过预期的成本，一项制度安排就会被创新，但同时制度变迁或制度创新存在着一定的"时滞"和"路径依赖"。制度也可以分为正式约束（或制度）与非正式约束（或制度）两种类型，其中正式制度包括宪法、法令、产权等法律法规，非正式制度包括道德约束、禁忌、习惯、传统和行为准则等。

阿尔钦和德姆塞茨（1972）提出了企业产权结构理论，主要从企业是一种团队的假说出发，通过分析业主制企业较好地解决了企业内部监督者激励问题和提高企业绩效，因此将剩余索取权、监督权和经营决策权安排给企业主是最优的。詹森和梅克林（1976）通过进一步分析合伙制企业的产权结构，认为合伙制企业的高效率应建立在两个前提条件之下：一是合伙人就分享剩余收入达成彼此满意的协议；二是每个合伙人的监督工作都是认真完成的，并且可以毫无代价地加以观察。如果这两个条件不能满足，就会出现偷懒和"搭便车"行为，合伙制企业就会难以维持下去。同时认为，由于股份制具有剩余索取权与经营权相分离，即具有"所有权与控制权分离"的特点，因此可以解决上述问题，并形成了职业经理人阶层。

## 二、制度创新对经济增长影响的实证研究

诺思（1968）在分析英国1600～1850年海洋运输生产率变化的原因时，通过对海洋运输成本的各方面统计分析发现，尽管这一时期海洋运输技术没有大的变化，但由于船运制度发生了变化，最终降低了海洋运输成本，使得海洋运输生产率有了较大提高。从而得出在技术不变即没有发生大的技术革命和技术创新的情况下，通过制度变迁或制度创新也能提高生产率和实现经济增长的结论。受新制度经济学的影响，在诺思之后，国外涌现了一批关于正式制度创新与经济增长问题的实证研究。

在产权制度创新与经济增长的实证研究方面，奈克和基弗（Knack and Keefer, 1995）通过选取国际风险指数（ICRG）和商业环境风险指数（BERI）中的部分相关指标进行分析和研究，得出了产权保护程度与经济增长存在较强正相关性的结论。贝斯利（Besley, 1995）通过并利用搜集加纳两个地区334户家庭经营的1568块土地的相关数据，研究了土地产权对投资决策的影响，通过研究发现土地转让权对于家庭的投资决策具有非常重要的影响，如果一个家庭拥有土地转让权，则会选择投入更多的资本用以改善土地状况，从而巩固自己的土地产权。阿西莫格鲁、约翰森和罗宾逊等（Acemoglu, Johnson, Robinson et al., 2002）通过分析1500～1995年欧洲殖民地国家和地区的"财富逆转"现象发现，欧洲殖民者通过实行颠倒性的政策和制度安排，即殖民者通过对人口稀少且比较贫穷的地区实行大量移民的政策和引进私有产权制

度，而对人口稠密且比较富裕的地区采取更加有利可图的掠夺性制度安排，使得这些地区出现财富逆转。菲尔德（Field，2005）运用双重差分法（DID）就秘鲁在1996年开展的财产权改革，即为非法占有其所属城市贫民区土地的占有者提供正式财产权的项目进行实证研究，结果显示加强产权正式化对住宅投资率的提高有显著的积极影响。勒韦和萨恩茨（Lewer and Saenz，2011）通过对101个国家1990～2002年的面板数据进行实证分析，得出产权程度较高的国家往往比产权程度较低的国家有着更快的经济增长速度的结论。

在政府效率与经济增长的实证研究方面，考夫曼等（Kaufmann et al.，2000）利用1996年以来历年的世界部分国家和地区相关数据构建了政府治理效率综合指数。罗德里克等（Rodrik et al.，2004）通过使用这一指数对80个样本国家进行实证研究发现，政府效率对一国的经济增长有着显著的正向影响。米恩和韦尔（Meon and Well，2005）使用62个样本国家的相关数据，通过对这一指数进行分类检验发现，指数中政府效能和法治对经济增长的影响最大（分别达到0.062%和0.05%）。博尔曼等（Borrmann et al.，2006）选用146个国家样本，使用这一指数进行实证，得出政府效率较低的国家将不太可能从贸易中受益的结论。阿韦索等（Afonso et al.，2005，2010）构建了PSE指数用以衡量政府部门效率，并选取欧盟新成员国作为样本进行实证分析，验证了政府部门效率与经济增长之间的相关性。哲罗普洛斯等（Angelopoulos et al.，2008）选取了64个样本国家1980～2000年的相关数据，通过实证分析同样得出相同结论。阿格丹等（Aghdam et al.，2013）按发达、不发达和欠发达的标准，将118个国家（1996～2011年）进行分组并研究，研究结果是发达国家在该指数中的6个方面都要好于不发达和欠发达国家，从而指出经济落后国家在发展过程中，政府不仅要提供良好的经济条件，而且还要创造良好的政治制度条件。沃克（Walker，2014）通过对1978年之后的17项影响政府创新的主要因素进行定量分析发现，组织规模和行政能力等内部因素对于政府创新的影响较为明显。玛（Ma，2016）将1986～2013年美国政府创新奖入围项目及获奖项目作为解释变量，分析了美国各州地方政府的创新情况，得出政府内部状况比外部状况对政府的创新能力影响更显著的结论。

部分学者使用 DEA 方法对政府效率进行测度。加西亚桑切斯（Garcia – Sanchez, 2006）用这一方法测度了西班牙地方政府效率。瑞普和西佩（Rayp and Sijpe, 2007）测度了 52 个发展中国家 1990~2000 年的政府效率。宋（Sung, 2007）测度了韩国地方政府 1999~2001 年的政府效率等。这些研究均证实了政府效率对经济增长的积极作用。

## 第二节 国内文献综述

### 一、制度创新对经济增长影响的理论研究

林毅夫（1989）认为，制度安排的创新是获取集体行动收益的手段，既可以是正式的，也可以是非正式的。制度安排的效率取决于其他制度安排实现功能的完善程度。其中，能够提供较多服务的制度安排是较为有效的，但评估影响制度效率的生产效率和交易效率非常复杂，主要是由于制度变迁的方向和规模并不是随机的，是可以通过严密的经济学分析得出结论的。只要统治者强制推行制度变迁的预期收益高于预期费用，即影响统治者效用函数的因素，如税收净收入、政治支持等，在统治者强制推行一种新制度安排后的预期边际收益等于或高于边际费用时，统治者就会采取行动推动制度创新。在此基础上，分析了诱致性制度变迁动力学，指出社会将从抓住获利机会的制度安排创新中得到好处，但这种创新是否发生取决于个别创新者的预期收益和费用。在强制制度创新方面，可以将国家的决策过程看作是通过国家统治者的行为来完成的过程，而这个统治者是一个具有有界理性的人，其动力：一是需要一套规则来减少统治国家的交易费用；二是需要一套促进生产和贸易的产权以及执行合约的程序来增加国家的财富；三是需要一套意识形态

来确认权威的合法性和巩固政权的长期性。汪丁丁（1992）指出创新的含义是引进以前（"以前"是指人们习惯了的事的总和）没有的一件事，它必定会干扰旧的价值体系，由于扰动产生的利润使得大家争相模仿而使利润消失，最终确立新的价值体系，重新向零利润经济复归。

陆建新（1997）认为制度创新和制度变迁在基本含义上具有相同之处，都包含旧制度变革和新制度的产生，同时也存在以下区别：一是从时间跨度上来看，制度创新指的是较短时间内制度或制度结构的变革或创新，而制度变迁考查时间段则较长；二是从新旧制度关系方面来看，制度创新形成的新制度可以在旧制度基础上产生，也可以在旧制度或制度结构外独立产生；三是从主观能动性和客观必然性方面来看，制度创新突出了主体能动地创造制度变革的条件，而制度变迁则更多含有各种客观因素和力量共同作用、自然演进的意思。同时指出，中国的制度创新呈现以中央政府为主导的供给型特征，地方政府作为中央政府的各级行政代理机构，其地位和作用弱于中央政府，但要大大强于非政府主体，特别是改革以后地方政府的权力不断扩大，利益主体作用日益凸显，所以有理由将地方政府作为一个相对独立的制度创新主体。由此，可将中国制度创新主体划分成中央政府、地方政府和非政府主体三类，并提出了地方政府机构代理人悖论：无论是强制性制度变迁还是诱致性制度变迁，中国都离不开地方政府机构作为第一行动集团的代理人，而政府最高决策者或社会团体和个人之间，客观上存在着目标函数的不完全一致性，从而使得地方政府凭借其拥有的权力和力量积极推动或消极阻碍制度创新，当地方政府具备阻碍制度创新的力量并采取逆向行动时，就会产生政府机构代理人悖论。邹薇、庄子银（1996）认为分工是一种生产性的制度安排，既具有直接的产出效应，又具有规定生产组织方式、交易组织发展程度、经济增长的制度特征，应该把握住分工制度与长期经济增长之间的关系，以分工制度为核心，把企业内部人力资本积累机制、市场依存度的扩张、市场范围的拓展和交易制度的逐步完善联系起来，为收益递增和长期增长提供一种制度保障。

杨瑞龙（1998）针对地方政府在我国市场经济改革过程中发挥的

作用，提出了"中间扩散型制度变迁方式"的三阶段理论假说，并推断：一个中央集权型计划经济的国家向市场经济体制过渡的制度变迁路径，可能由改革之初的供给型主导逐步向中间扩散型方式转变，并随着产权制度的不断完善，需求诱致性制度变迁将逐步起到主要作用，最终实现计划经济向市场经济体制的过渡。作为微观主体和权力中心中介的利益独立化的地方政府，将突破权力中心设置的制度创新壁垒，使权力中心的垄断租金最大化与保护有效率的产权结构之间达成一致，即微观主体的自愿契约与权力中心的制度供给行为之间达成一致，而最终化解诺思悖论。周振华（1999），陈天祥（2000），郭小聪（2000），刘锡田（2003）等学者都支持这一观点，并从地方政府创新的风险小、成本低、高效率等优势方面进一步论述了地方政府这一独立主体的重要作用。

黄少安（2000）提出"政府以行政手段推进市场化进程"的假说，认为政府的行政力量不仅不是市场化的阻碍，还是推进市场化进程的重要资源，市场化方向则能够同时满足政府"社会支持最大化"的政治目标及"财政收入最大化"的经济目标，因此两者存在一致性，从而表明政府以行政手段推动市场化进程，在一定时期是可行有效的，具有其内在合理性。

刘红、唐元虎（2001）以新制度经济学为理论基础，将制度因素作为内生变量引入新古典经济增长模型，试图揭示制度创新与长期经济稳定增长的关系，并得出制度创新与技术进步、经济增长（即制度因子）和劳动供给都有关系，技术进步可以促进制度创新，但不是唯一的决定因素，制度因子和劳动供给也能促进制度创新，而且在一定条件下，经济增长自身（即制度因子）影响更大。所以，制度创新既是经济增长的源泉，同时又是经济增长的内在需要的结论。易纲、樊纲、李岩（2003）针对关于中国经济增长仅仅依赖于投入驱动的观点，指出改革带来的制度变迁，使非公经济成为推动中国经济的重要增长力量。李小宁（2005）将制度作为外生因素引入 AK 增长模型，并讨论了两种典型情况：一是通过研究增长模型结构参数背后的制度因素，间接地确定制度对增长率的影响；二是通过将政府行为引入增长模型，体现制度因素对增长率的影响。

潘士远（2005）在内生经济增长理论的基础上，建立了一个同时将制度创新和技术进步内生化的经济增长模型，研究了制度变迁、技术变迁与经济增长的关系。该模型研究了专利制度、知识与经济增长的关系。结果表明，一个社会实施专利制度的最优时间取决于知识增长的速度，而专利制度变迁也会引起知识增长速度的变化，即制度创新和技术进步相互交织、相互促进，存在着互动的关系。

安立仁（2007）认为现有经济制度无法避免的内在缺陷属性决定了制度变迁存在的必要性，而制度变迁就是不断寻找具有更高激励水平与更低交易成本的经济制度的过程。中国经济的增长水平在改革开放后之所以得到大幅提高，就是因为具有上述特征的市场经济制度取代了原来的计划经济制度所致。魏建（2010）认为选择性地对那些符合中国特定阶段经济增长需要的产权进行强力保护，是中国30年来经济长期增长的原因所在。周其仁（2010）指出正是由于产权的重新界定，中国显著降低了制度运行成本，进而得以形成综合成本竞争优势，并最终成为世界上增长最快的经济体。张瑄（2013）从制度变迁的视角分析了新中国成立后政府绩效变迁的特征，并对未来的政府绩效改革提出了展望，特别强调了未来要围绕政府职能的转变来提升政府行政绩效。

## 二、制度创新对经济增长影响的实证研究

卢中原和胡鞍钢（1993）首次通过构建市场化指数分析经济制度变迁。在指数构建时，选用相关数据指标构建了投资市场化指数、价格市场化指数、生产市场化指数和商业市场化指数，并按0.3、0.2、0.3和0.2的权重构建市场化指数。通过度量我国1979~1992年的市场化指数值并进行计量发现，我国国民收入增长中约有14%来自市场化改革的贡献。其后，江晓薇、宋红旭（1995），顾海兵（1997），陈宗胜（1999），樊纲（2003），高明华（2003），周业安、赵坚毅（2004），张

宗益等（2006），康继军等（2007）学者纷纷对市场化指数这一问题进行了深入研究，并对该指数进行不断修正和完善。

金玉国（2001）运用相关数据指标估算了制度变迁、市场化程度、分配格局、对外开放水平等四个制度变量，通过分析1978～1999年各制度变量对经济增长的边际影响及弹性发现，这一时期中国经济的增长受市场化程度和产权制度变迁影响最大。其后，这一测度方法得到了国内学界的普遍认同，并被之后的学者所广泛运用。

李富强、董直庆、王林辉（2008）依据中国市场化和产权制度改革特征，结合罗默（1999）和巴罗（2000）的模型和演绎逻辑，将制度引入增长模型诠释要素发展和经济增长关系，得出的结论是制度越完善，经济增长就越表现为人力资本和技术进步发展的结果；而制度越不完善，经济增长就越受限于制度的发展。通过以直接或与资本相结合形式将产权制度引入模型，运用计量经济学的分析方法，分类检验了资本、技术、制度、贸易、金融和地域作用于经济增长的关系，结果显示物质资本、人力资本和产权制度对经济增长的解释更有效，表明制度不仅直接作用于经济增长，而且还通过影响生产要素投入和配置效率来影响经济增长。

庄子银和邹薇（2003），郭庆旺等（2003）利用我国改革开放以来的时间序列及截面数据进行实证分析，发现政府公共支出与经济增长负相关。但刘进等（2004），庄腾飞（2006），郭健（2006）、廖楚晖（2006），郭庆旺和贾俊雪（2006）的实证却发现政府支出与经济增长正相关。而王小利（2005）通过VAR模型对我国1978～2003年的相关数据进行实证后，却发现政府投资的作用并不显著。董直庆等（2009）利用1978～2006年的相关数据进行分析，发现政府主导型治理能够实现经济增长，但其结构与经济产出呈现倒U形关系，即中国宏观经济存在最优治理结构和制度安排，只有适度的政府控制和市场竞争相结合才可以实现经济的持续增长。李刚和许跃辉（2012）提出了一个"准中性政府"的概念，通过构建内含政府、市场、制度和利益集团等组织的分析框架并进行计量分析，得出了准中性政府通过制度变迁的方式推动中国经济增长的结论。

林毅（2013）运用计量经济学研究方法，分别分析了经济制度、法律制度行政体制等正式制度变迁对中国经济增长的影响，并得出三种制度变迁在长期均对中国经济增长具有显著正向影响的结论。

杨友才（2015）在借鉴 Slow 模型的基础上吸收了 Romer 模型的经济思想，将制度内生化于经济增长模型，运用数理和计量经济学方法分析了制度与经济增长之间相互作用以及制度变迁的路径依赖对长期经济增长率的影响。并得出在控制人力资本、物质资本和技术等主要因素的条件下，市场经济制度下制度对经济增长的促进作用大大增强，而且制度通过路径依赖影响制度变迁，从而更进一步促进经济增长，同时，经济增长反过来又促进制度的变迁，使得制度对经济增长的推动作用又变得更大，这种良性循环，使得中国的经济增长奇迹是可能的也是不可避免的，是制度变迁所带来的制度红利的结果。

## 三、东北老工业基地制度创新的相关研究

徐传谌、庄慧彬（2004）从引入制度在经济发展中的作用入手，通过对东北地区与发达省市之间正式制度变迁或正式制度创新（所有制结构转变、对外开放以及完善投资环境的制度安排、政府行政管理体制改革、投融资体制创新和企业制度创新等）和经济发展状况进行比较，提出正式制度创新是振兴东北老工业基地的关键，并进一步指出东北老工业基地落伍的主要原因是改革滞后、市场化程度低及正式制度变迁缓慢。徐传谌、王志刚（2005）通过对东北劳动力市场、资本市场、土地市场和技术市场等要素市场落后现状的正式制度分析，提出应加快制度创新完善东北老工业基地的要素市场，从而实现东北老工业基地振兴。徐传谌、杨圣奎（2006）通过分析东北老工业基地竞争力指数和市场化指数，对正式制度和非正式制度创新问题进行了研究。

宋冬林、赵新宇（2005）以吉林为例，选取非公有制经济发展水平、市场化程度和对外开放程度三个正式制度变量，运用回归分析方法

进行定量分析，得出三个制度变量与经济增长均存在正相关关系，三者对经济增长的作用大致相当，市场化程度略高，三个制度变量相互推进、相互作用，共同完成对经济增长的推进作用。

林木西、时家贤（2004）提出体制创新是振兴东北老工业基地的关键，而体制创新的核心是所有制结构调整，其目标就是实现国有经济、民营经济和外资经济混合发展。其中，必须加快国有企业改革的步伐，这是混合发展的中心环节。林木西（2006，2007，2009）指出东北老工业基地振兴重在制度创新，从一定意义上说东北振兴的过程是一个制度创新或建立新机制的过程，并运用现代经济理论和分析方法对东北老工业基地振兴与制度创新这一重要问题进行了研究，认为东北老工业基地改造与振兴，是新中国东北发展史上的一次重大变革。实现这一宏伟目标，需要对东北老工业基地进行一番脱胎换骨的改造，注入新的生机和活力，重新发挥东北在全国经济发展中的重要作用。东北振兴需要实现制度创新和技术创新，而解决东北振兴的所有问题，都有一个始终躲不过去的关键环节，就是制度创新。从一定意义上说，制度创新是东北振兴的"牛鼻子"，抓住了这个环节就等于抓住了东北振兴的关键。同时，还对东北老工业基地振兴中的正式制度创新和非正式制度创新进行了分析和论述。在东北老工业基地正式制度创新研究方面，通过对东北老工业基地企业创新、产业创新、区域创新、市场创新、发展模式创新、地方政府制度创新等问题，进行了大量的理论与实证分析，并结合分析结论提出了解决东北老工业基地正式制度创新滞后的政策建议。

关于东北老工业基地正式制度创新问题，其他学者也进行了一定的分析和研究。张今声（2004）指出通过国有企业制度创新、政府职能转变消除计划经济体制所造成的种种影响，塑造促进东北振兴的内在动力源泉。麻彦春（2004）认为发展私营经济是振兴东北老工业基地的重要抉择。常忠诚（2008）以制度创新为分析视角，重点分析了正式制度创新与东北老工业基地可持续发展的路径选择问题。吴艳玲（2008）分析了演化经济学视角下的东北老工业基地制度变迁问题等。

# 第三章

# 制度创新对经济增长影响的相关理论

## 第一节 基本理论

### 一、制度及制度创新的内涵

(一) 制度的内涵

关于"制度"的内涵,不同时期的制度经济学家有不同的理解。旧制度经济学家凡勃伦对制度做了最早的定义,即"制度实质上就是个人或社会对有关的某些关系或某些作用的一般思想习惯……从心理学的方面来说,可以概括地把它说成是一种流行的精神状态或一种流行的生活理论"[①]。这一概念所指的是以道德观念、风俗习惯和意识形态等形式存在的制度,也就是新制度经济学家所指的非正式制度。显然这个定

---

① 托尔斯坦·本德·凡勃伦:《有闲阶级论——关于制度的经济研究(中译本)》,商务印书馆1964年版,第 iii 页。

义很不完整,既没有把握制度的全貌,也没有抓住制度的本质特征。康芒斯将制度界定为"集体行动控制个人行动"的一系列规则或准则,这些规则和准则,"指出个人能或不能做,必须这样或必须不这样做,可以做或不可以做的事,由集体行动使其实现"①。该定义的优点是抓住了制度的本质,即制度是一种规范人们行为的"行为规则",但其缺点是对制度的约束力表述过于含糊笼统。

新制度经济学家对制度的界定较为一致,认为制度作为一种规则,具有约束人们行为的本质特性。这里,我们不妨罗列一部分关于制度的经典定义:舒尔茨认为,"制度是一种行为规则,这些规则涉及社会、政治和经济行为"②。V. W. 拉坦将制度理解为一套行为规则,它们被用于支配特定的行为模式与相互关系。③ 诺思指出:"制度是一系列被制定出来的规则、守法秩序和行为道德、伦理规范,它旨在约束主体福利或效用最大化利益的个人行为"④。青木昌彦认为制度是"关于博弈如何进行的共有信念的一种自我维持系统。制度的本质是对均衡博弈路径显著和固定特征的一种浓缩性表征,该表征被相关领域几乎所有参与人所感知,认为是与他们的策略决策相关的。这样,制度就以一种自我实施的方式制约着参与人的策略互动,并反过来又被他们在连续变化的环境下的实际决策不断再生产出来。"⑤

通过上述内容对制度定义演进过程的考察,我们认为制度从本质上说是存在于经济主体之间的游戏规则,这种游戏规则有其独特的规定性,即:

第一,习惯性。制度是对人们某一重复发生的特定行为进行约束的

---

① 康芒斯:《制度经济学(上册)》,商务印书馆1962年版,第189页。
② T. W. 舒尔茨:《制度与人的经济价值的不断提高》,引自科斯等:《财产权利与制度变迁(中译本)》,上海三联书店1991年版,第253页。
③ V. W. 拉坦:《诱致性制度变迁理论》,引自科斯等:《财产权利与制度变迁(中译本)》,上海三联书店1991年版,第329页。
④ 道格拉斯·C. 诺思:《经济史中的结构与变迁(中译本)》,上海三联出版社1991年版,第226页。
⑤ 青木昌彦:《比较制度分析(中译本)》,上海远东出版社2001年版,第28页。

规则，被越来越多的人逐渐接受时，就会成为一种约定俗成的习惯被保留和传承下来。

第二，有效性。制度的有效性包括透明可知性和提高确定性两个方面。当人类社会建立了有效制度以后，人们能够获得完整和准确的制度信号，对自己和他人的行为有稳定的预期，清楚地知晓违反制度的后果，因此能够明确规范人们的行为，减少人们交往中的不确定性。

第三，普遍性。制度一旦建立，就会对制度约束有效范围内的某一种特定行为做出相同约束，而不论该行为由何人做出。而且制度不仅约束当时人们的行为，还会惯性地约束以后类似情况下人们的行为。

第四，非中性。制度是各经济主体在重复博弈中利用共有信念，实现各自既定利益均衡的结果，因此在一定制度格局下，不同经济主体或既得利益集团的利益分配是无法实现完全平等的。

综上所述，我们试图对制度含义做出以下界定，即：制度是约束和规范各类经济主体之间重复博弈行为的具有普遍性和有效性的一系列规则的集合。

事实上，为了全面认识制度的内涵及特性，我们还需要从以下几个方面更好地认识和把握制度：

（1）制度与人的动机和行为存在密切联系。制度是人们创造出来用以规范和约束人们行为的规则，规定了人们能做什么，不能做什么，以及怎样做才是合理的。新制度经济学家强调，经济主体必须在现实规则和约束条件下理性地追求效用最大化，如果没有这些制度，经济主体追求效用最大化的结果必然是社会混乱和整个经济效率低下。因此，人类社会、政治和经济活动都离不开制度，人类社会的发展实际上是制度形成和发展演变的历程。

（2）制度具有公共物品属性。制度是指向和约束某种特定行为的规则，因此制度是适用于做出该种特定行为的所有公众，具有公共产品非竞争性和非排他性属性。制度的非竞争性表现为，在制度有效约束范围内，对一个额外经济主体行为的约束，并不会增加制度的边际成本。制度的非排他性体现为，处于制度有效约束范围内的每一个经济主体，其对制度的遵守相互之间并不排斥。

（3）制度与组织。制度是人类社会创造的，用以规范各类经济主体行为的博弈规则。组织是在制度约束下为实现一定目标而创立的个人团体，是人类社会进行游戏的角色，包括政治、经济、社会和教育等团体。组织是制度规范的对象，也是推动制度创新的主体之一，其存在和演进受到了制度的根本影响[①]。组织内部有各种具体的组织制度，但组织机构本身并不是制度，在制度的外延中，不包含各种具体的组织和机构。各种组织不同的具体目标，以及组织内部具体制度的差异，构成了区分各类组织的依据。

（4）制度安排与制度结构。制度安排，是"在特定领域内约束人们行为的一套行为规则"，[②] 其含义与"制度"的含义十分接近。一国的制度结构是由制度约束范围中的所有正式制度和非正式制度安排有机组合而成的，在制度结构中，各种制度安排的地位和作用并非完全相同，有处于核心地位，发挥根本性作用的制度安排，也有处于辅助地位，发挥非本性作用的制度安排。制度结构的整体绩效既与各项制度安排效率有关，也与"镶嵌"在制度结构中各项制度安排的功能耦合程度有关。

（二）制度创新的内涵

任何制度变迁都可分为两个阶段：在第一个阶段，制度变迁主体生产出一种完全不同于已有制度结构的新制度，扬弃旧制度；在第二个阶段，制度变迁主体将这种新制度付诸实施，并进行修补以及完善。第一个阶段的制度变迁称作制度创新，根本目的是提高效率、促进进步，第

---

[①] 道格拉斯·C. 诺思：《制度、制度变迁与经济绩效（中译本）》，上海三联书店1994年版，第5~7页。

[②] 林毅夫：《诱致性变迁与强制性变迁》，引自盛洪：《现代制度经济学（第二版·下卷）》，中国发展出版社2009年版，第271~272页。

两个阶段的制度变迁称作制度实施①。

一般认为，熊彼特将"创新"引入经济学并将其视为经济增长的动因，从而开启了经济学研究的新视角。在熊彼特之后，创新理论演变成为两大分支：以技术变革为对象的"技术创新"经济学和以制度变革为对象的"制度创新"政治经济学。以诺斯为代表的制度创新理论是后者的主要代表。

在制度创新理论中，制度作为人类行为的结果，是一系列被制定出来的规则、守法程序和行为的道德伦理规范，是以宪法、法律、法规为基本内容的正式规则和以习俗、传统、习惯等形式存在的非正式规则交错构成的一整套的规则体系及其实现机制②，是不同的社会群体为了存续和利益分配而在交互作用的过程中，通过复杂的"交易"方式共同选择、共同安排且必须共同遵守的关于人们社会行为的规则体系。制度构成了基本经济秩序的合作与竞争关系，因而提供了观察人类相互影响的框架。

舒尔茨（1968）认为："为了实现规模经济从交易费用中获益，将外部性内在化，降低风险，进行收入分配，无论是自愿的还是政府的（制度）安排都将被创新"③。并且进一步将诱致人们改变制度安排的收益来源分为规模经济、外部性、风险和交易费用这四个部分。他强调了外部利润的存在引致了制度的创新，换言之，人们的"经济价值的上升"产生了他们对新制度的需求。

戴维斯、诺思（1994）也强调了"潜在的外部利润"形成了制度创新的基本动因。从而提出"制度滞后供给"模型，模型指出"某一段时间的（制度）需求变化所产生的（制度）供给反应是在较后的时

---

① 潘慧峰、杨立岩：《制度变迁与内生经济增长》，载于《南开经济研究》2006年第2期，第74~83页。

② 道格拉斯·C. 诺思：《经济史中的结构与变迁》，上海三联书店、上海人民出版社1994年版，第225~226页。

③ 舒尔茨：《诱致性制度变迁理论》，引自科斯：《财产权利与制度变迁——产权学派与新制度学派译文集》，上海三联书店、上海人民出版社1994年版，第275页。

间区段里做出的"。也就是说,"产生于(制度)安排创新后的潜在利润的增加,只是在一段滞后才会诱致创新者,使之创新出的能够获得潜在利润的新的(制度)安排"。由此可知制度创新的供给与需求始终处于"错位"状态,新的供给只能对应旧的需求。

借助于拉坦(1994)对制度创新所做的定义可以让我们进一步理解制度创新的内涵,他将制度创新定义为:"制度创新制度发展一词将被用于指(1)一种特点组织(即制度)的行为的变化;(2)这一组织与其环境相互关系之间的变化(3)在一种组织的环境中支配行为与相互关系的规则的变化"①。拉坦认为制度创新的根源在于制度的低效率或无效率,新制度的产生是为了提高制度的效率。

新制度经济学家对制度创新的界定,主要包括了以下视角②:

(1)制度创新一般是指制度主体通过建立新的制度以获得追加利润的活动;

(2)制度创新可使创新者获得潜在利益,因而潜在受益者就有可能成为现行制度的变革倡导者甚至发起者;

(3)制度创新主体可以在既定的宪法秩序和行为规范下扩大制度供给,并因此获取相应的潜在利润;

(4)制度创新主要包含产权制度创新、组织制度创新、管理制度创新和约束制度创新等四方面内容;

(5)制度创新既可以是根本性的,也可以是边际调整式的;

(6)制度创新是一个包含了制度替代、制度转化的演进过程。

在制度分析的文献中,制度创新与制度变迁常常是一对混用的概念,是同一现象的两种表述,具有同样的内涵。制度创新即对现行制度的变革。按照新制度经济学的观点,制度变革之所以产生,在于制度变革能够实现潜在的制度利益。由于制度变革存在成本,所以理论上只有

---

① 拉坦:《诱致性制度变迁理论》,引自科斯:《财产权利与制度变迁——产权学派与新制度学派译文集》,上海三联书店、上海人民出版社1994年版,第329页。

② Douglass C. North, LE. Davis Institutional Change and American Economic Growth [M]. Cambridge University Press, 1971.

收益大于成本的制度变革才有可能出现，从而使制度变革主体获取"净利润"。

## 二、制度创新对经济增长影响的作用机理

制度的主要功能是通过建立一个人们之间相互作用的稳定结构来减少不确定性。制度制约既包括对人们所从事的某些活动予以禁止的方面，也包括确定人们在怎样的条件下可以从事某些活动的方面。因此，它们提供了人们之间相互关系的框架，确定和限制着人们的选择集合。诺斯认为，制度变迁比技术变迁更为优先，更为根本。马克思也详细分析了资本主义所有制结构的变迁，强调了以资本主义私有产权为基础的市场制度的确立，为要素的流动提供了诱导机制，各种要素市场（劳动力、资本市场等）的出现，为潜在的获利机会与要素的结合提供了现实的制度装置，从而直接推动了经济增长。具体来说，制度通过以下机制促进经济增长：

### （一）提高资源配置效率

制度创新通过设定新规则，可以把人们的努力及资源从非生产性或生产效率低的领域引导到生产性或生产效率高的创造财富的部门，这种创新虽然不能改变一个国家资源禀赋的状况，但却能使产出向外移动，靠近生产可能性曲线，在不改变资源总量的情况下，实现产出和积累的增加。不仅如此，制度创新还可以把人们的努力从争夺既定财富的分配斗争中引领到争相创造财富的有序竞争中，这种过程可以看成是一种帕累托改进。在制度安排的创新中，平乔维齐尤其强调了产权制度对生产效率的重要性，他指出产权的排他性把所有者如何使用财产和承担这一选择的后果紧密地联系在一起，激励着拥有财产的人将其用于能带来最高价值的用途，而其可转让性又促使资源从低生产率所有者向高生产率所有者转移（柯武刚、史漫飞，2000）；而且产权（所有权）的立宪，还可以保证把经济财富的积累与政治权力的积累分离开，从而减少社会

用于角逐政治权力的资源。

## （二）降低交易费用

交易费用包括一切不直接发生在物质生产过程中的成本。现实中交易费用是巨大的，利斯和诺斯衡量了市场交易费用的大小，他们发现，美国国民收入的45%以上被用于交易。由于交易费用主要用于交易过程中人与人之间交易行为的协调，不用于直接生产过程，因而在产出既定的条件下，交易费用的大小可以反映一个国家经济活动效率的高低。新制度经济学指出，法律制度不健全，政治制度不稳定，交易风险增加，机会主义盛行等，会在无形中增加交易费用，使人们没有动力去寻求有效率的产出。在这种情况下，通过一系列制度创新，能够有效地减少交易风险和不确定性，优化交易行为，降低交易成本，从而有效促进产出和增长。

## （三）提供激励机制

所谓激励，就是要使人具有从事某种经济活动的内在推动力。激励机制一方面反映了个人工作努力程度和报酬的关系，另一方面反映了个人目标与社会目标的关系。不同的制度安排形成不同的激励机制，有效的激励机制能够把个体的努力程度与报酬、个人目标与社会目标紧密结合，在增进个体福利的同时增进社会福利。诺斯在《西方世界的兴起》中明确指出："有效率的经济组织是经济增长的关键；一个有效率的经济组织在西欧的发展正是西方兴起的原因所在。有效率的组织需要在制度上作出安排和确立所有权以便造成一种刺激，将个人的经济努力变成私人收益率接近社会收益率的活动。"

## （四）抑制人的机会主义行为

新制度经济学在对人的行为进行研究时，曾经给出这样的假定：人具有随机应变、投机取巧、为自己谋取更大利益的行为倾向（柯武刚、史漫飞，2000）。由这一假定可以推断出一个结论：由于人在追求自身利益的过程中，会采取非常隐蔽的手段，因而如果交易双方仅仅签订协议，未来的结果仍然具有很大的不确定性。但是制度却可以通过提高违约成本的办法来惩罚或防止人的机会主义倾向。

（五）为实现合作创造条件

竞争与合作是社会经济生活中的两个方面，由于有限理性和信息不对称等方面的原因，个人往往很难协调好竞争与合作的关系，而制度作为人们在社会分工与协作过程中经过多次博弈而达成的一系列契约的总和，为人们在广泛社会分工中的合作提供了一个基本的框架，尤其是在复杂的非个人交换形式中，制度的存在减少了信息成本和不确定性，把阻碍合作得以进行的因素降低到最低限度，保证合作的顺利进行。

总之，制度促进增长取决于制度使报酬和努力联系在一起的程度；取决于它们允许专业分工和进行贸易的范围；取决于准许找出并抓住经济机会的自由。

## 第二节 相 关 理 论

### 一、马克思主义经济学关于正式制度与经济增长的相关理论

马克思主义经济学关于正式制度与经济增长的相关理论，主要体现在其关于生产力和生产关系的相关论述中。马克思主义经济学将生产力描述为人与自然的关系，包括参与社会生产和再生产过程的一切物质的、技术的要素；而生产关系是指人们在生产、分配、交换、消费等经济活动中所发生的各种经济关系，其基础是生产资料所有制。两者在经济增长中的地位和作用是不相同的。生产力是经济增长的决定性力量，生产力决定生产关系，生产力的发展和变化决定了生产关系的发展和变化。换言之，衡量生产力水平高低的技术水平决定了经济增长的形式与

速度，因此马克思主义经济学认为技术变迁是产生经济增长的重要原因。但同时也强调生产关系对生产力的反作用，认为生产关系的先进或落后会对生产力的发展起到相对应的促进或阻碍作用。倘若把生产关系理解为一定经济条件下的制度安排，那么生产关系的调整过程就是制度变迁过程。这就意味着制度变迁对经济增长也存在一定的反作用，其对经济增长的促进或阻碍取决于制度的变迁是否与生产力水平相适应。因此，制度变迁在经济增长过程中扮演了一个适应性角色，并且具有阶段性的特征。

## 二、制度学派关于制度与经济增长的相关理论

制度学派诞生于19世纪末20世纪初，是西方经济学界公认的最早研究制度因素在社会经济发展中作用的学派。制度学派强调非市场因素（如制度因素、法律因素、历史因素、社会和伦理因素等）是影响社会经济生活的主要因素，认为市场经济本身具有较大的缺陷，使社会无法在人与人之间的"平等"方面协调。只有把对制度的分析或经济结构、社会结构的分析放在主要位置上，才能阐明经济中的弊端，也才能弄清楚社会演进的趋向。制度学派不赞同当时处于正统地位的经济学家们根据经济自由主义思想所制定的政策，即国家不干预私人经济生活的政策，而主张国家对经济进行调节，以克服市场所造成的缺陷和弊端。制度学派虽然并没有将制度明确区分为正式制度和非正式制度，但在其各项分析和研究中，正式制度无疑是最为重要的一个方面，尤其是19世纪三四十年代，主要从对企业权力结构和掌握权力的人的经济地位进行分析，强调法律制度和法律形式等正式制度对于企业所有权和经营方式变化的作用。并指出在现代社会中，由于所有权与经营权的分离，经济中将会出现经理人员拥有越来越大的权力的趋势。这种趋势既可能有利于经济的发展，也可能使经理人员的利益凌驾于社会利益之上，而使社会利益服从于公司的利益，即经理人员的利益。因此，要设法控制公司的活动，使公司的活动置于社会利益之下。

## 三、新制度经济学关于制度与经济增长的相关理论

新制度经济学对传统西方主流经济学将制度视为已知的、既定的或将制度因素作为"外生变量"的经济增长理论，进行了纠正和批判，是最早将制度因素作为内生变量纳入经济增长分析框架中，研究制度与经济增长相关关系的学派。新制度经济学主要包括交易费用理论、产权理论、企业理论和制度变迁理论等。新制度经济学派认为传统经济学提出的技术进步、规模经济、教育和资本积累等因素并不是经济增长的原因，而是经济增长本身，经济增长的根本原因在于制度因素，制度才是经济增长的决定性因素。新制度经济学关于制度变迁决定经济增长的途径是通过对人的行为的影响，确切地说是通过对刺激和激励人们参与各种经济活动的积极性的影响来实现的，而刺激和激励离不开各种各样的制度，即一个有效的制度结构。因此，认为对产权和所有权的清晰界定，并且为其提供有效保护，并通过减小创新带来额外收益的不确定性，会使社会更富有创新精神，并且更能促进经济的增长，相反则会导致社会进步更慢，更难使经济增长。

## 四、发展经济学关于制度与经济增长的相关理论

发展经济学对制度变迁或制度创新在发展中国家经济增长或经济发展中的重要作用十分重视，通过分析影响经济增长的主要因素，指出经济制度是其中一个重要因素。发展经济学认为经济增长一方面取决于可利用的自然资源，另一方面则取决于人的行为，在自然资源大致相等的情况下发展却存在巨大差异的事实说明，人的行为对经济增长有深刻的影响，在探讨人的行为差异这一问题上，把决定经济增长的人的行为分为直接原因（近因）和间接原因（近因的起因），其中直接原因是从事经济活动的努力、知识的增进与运用及资本积累，而决定这些直接原因的原因则是制度与信念。发展经济学强调分析不同制度对经济增长的促

进和限制作用的重要性，还指出通过制度对人们努力的保护程度及对专业化分工的影响，来衡量制度对经济增长的影响，并且产权的界定具有十分重要的意义。发展经济学对制度变迁或制度创新在经济增长中作用的强调虽然是以发展中国家为背景，其理论的普遍意义受到一定的限制，但其对后续的相关理论研究仍然具有十分重要的意义。

## 五、东北老工业基地全面振兴理论

东北老工业基地从新中国成立初期的全国"领头羊"到逐渐衰落的变化过程，受到国内外学术界的广泛关注，尤其是国家实施东北老工业基地全面振兴战略以来，东北经济发展问题更加成为国内外学者研究的热点问题，涌现了大量的理论与实证研究成果，形成了东北老工业基地全面振兴理论。东北老工业基地全面振兴理论的制度创新问题研究认为，东北老工业基地的改造与振兴是东北发展史上的一次重大变革。实现这一宏伟目标，需要对东北老工业基地进行一番脱胎换骨的改造，注入新的生机和活力。东北振兴不能完全照搬国外，也不能盲目借鉴外地的做法，更不能重走老路，振兴东北老工业基地重在创新，关键在于制度创新，从一定意义上说，东北振兴的过程是一个制度创新或建立创新机制的过程。

在企业制度创新研究方面，认为所有制结构调整是东北老工业基地企业制度创新的根本问题。面对所有制结构单一、国有经济比重大、企业办社会的历史包袱沉重、社会保障和就业压力大等问题，东北老工业基地必须走发展混合所有制经济的必由之路，同时在深化企业产权改革、建立健全现代产权制度和构建现代企业制度的过程中，要注重解决"产权失灵"问题，强化公司控制权机制。

在市场制度创新研究方面，认为东北老工业基地需要通过建立和完善地方金融体系与资本市场和期货市场，建立和发展区域性的劳动力市场、人才市场和企业经营者市场，进一步加快发展区域性产权市场等，解决市场化程度低、市场体系不健全和市场机制不完善等一系列问题。

在地方政府制度创新研究方面，认为地方政府类型并不是判断一个政府优劣的基本准则，关键取决于政府规制绩效的高低。结合东北老工业基地实际，东北老工业基地地方政府应按照国家要求，在打造国际化营商环境和"放管服"改革等方面，切实推进地方政府制度创新。

## 第三节　理论模型

### 一、经济增长理论模型的演进

20世纪30年代，以凯恩斯《就业、利息与货币通论》对国民收入总量与变化研究为标志的现代经济增长理论的诞生开始，经济增长理论进入了系统研究阶段。哈罗德（1939）和多马（1946）在凯恩斯经济增长理论研究的基础上，建立了以资本积累作为经济增长唯一因素的经济增长模型，哈罗德—多马模型为之后经济增长理论模型的发展奠定了理论基础。

索洛（1956）和斯旺（1956）在修正了哈罗德—多马模型的前提假设下形成了新古典经济增长模型，又称为外生增长模型。该模型将储蓄率、人口增长率和技术进步率设定为外生变量，函数的一般表达形式为：

$$Y = f(K, AL)$$

其中，Y表示产出，K表示资本，L表示劳动，A表示技术水平。

罗默（1986）和卢卡斯（1988）从技术进步、人力资本和劳动分工等方面开展系统性研究，提出了技术进步的内生增长模型。认为知识积累、技术创新及专业化人力资本作为内生的决定性投入要素，不仅可以实现自身收益递增，而且还可以使其他投资要素的收益递增，从而使经济增长动态化，并以此来说明经济增长的原动力。

## 二、引入制度因素的内生经济增长模型

以诺思和福格尔为代表的新计量史学派,认为传统经济增长理论将制度作为外生变量,难以有力的解释经济增长中遇到的问题,应当将制度作为内生变量纳入经济增长理论模型中,虽然并没有构建引入制度因素的完整经济增长理论模型,但为引入制度因素的内生经济增长模型的相关研究奠定了理论基础。

本书在借鉴国内外学者相关研究成果基础上,按照杨友才(2015)的研究思路,在索洛(1956)经济增长理论模型基础上吸收了罗默(1986)内生增长理论模型的思想,试图构建一个将企业制度、市场制度和地方政府制度创新作为内生因素的经济增长模型,进一步分析三个层面制度创新对东北老工业基地经济增长的影响。

首先假设代表性厂商生产单一商品,生产函数满足柯布—道格拉斯形式,将制度因素引入生产函数中,以考查三大因素对产出水平的影响。具体来说,

首先,柯布—道格拉斯生产函数的具体形式可以表示为:

$$Y(t) = K^\alpha(t)[A(t)L(t)]^\beta \qquad (3.1)$$

其中,$Y(t)$ 代表 t 期产出水平,$K(t)$ 代表 t 期资本存量,$A(t)$ 代表 t 期技术水平,$L(t)$ 代表 t 期劳动供给。

用 $E(t)$ 代表 t 期的制度水平,并将制度因素引入柯布—道格拉斯生产函数,函数的具体形式可以表示为:

$$Y(t) = K^\alpha(t)[A(t)L(t)]^\beta E(t)^\gamma \qquad (3.2)$$

进一步地将制度因素分解为:企业制度 $E_C(t)$、市场制度 $E_M(t)$、政府制度 $E_G(t)$,表达式可以表示为:

$$Y(t) = K^\alpha(t)[A(t)L(t)]^\beta [E_C^\varphi(t) E_M^\psi(t) E_G^{1-\varphi-\psi}(t)]^\gamma \qquad (3.3)$$

其中,$Y(t)$ 代表 t 期产出水平,$K(t)$ 代表 t 期资本存量,$A(t)$ 代表 t 期技术水平,$L(t)$ 代表 t 期劳动供给,$E_C(t)$ 代表 t 期企业制度创新水平、$E_M(t)$ 代表 t 期市场制度创新水平,$E_G(t)$ 代表 t 期政府制

度创新水平。

为了更好地对影响产出的相关因素进行分析，可将上述模型对数化，则得到：

$$\ln Y(t) = \alpha \ln K(t) + \beta \ln[A(t)L(t)] + \varphi\gamma \ln E_C(t) \\ + \psi\gamma \ln E_M(t) + (1-\varphi-\psi)\gamma \ln E_G(t) \quad (3.4)$$

根据式（3.4）以及经济增长的复杂性和滞后性（胡鞍钢等，2012），本书将滞后一期的被解释变量做解释变量，从而反映经济增长惯性，模型可设定为：

$$\ln Y_{i,t} = \alpha_0 + \alpha_1 \ln Y_{i,t-1} + \alpha_2 \ln K_{i,t} + \beta \ln(A_{i,t}L_{i,t}) \\ + \gamma_1 \ln E_{Ci,t} + \gamma_2 \ln E_{Mi,t} + \gamma_3 \ln E_{Gi,t} \quad (3.5)$$

为了进一步分析企业制度创新、市场制度创新和政府制度创新提高资本投入、劳动投入和技术进步对经济增长的影响，本书在上述模型的基础上，构建了包含滞后项的交互效应模型如下：

企业制度创新对提高资本投入、劳动投入和技术进步的经济增长偏效应模型为：

$$\ln Y_{i,t} = \alpha_1 + \beta_1 \ln Y_{i,t-1} + \gamma_1 \ln K_{i,t} + \eta_1 \ln E_{Ci,t} + \lambda_1 \ln E_{Ci,t} \times \ln K_{i,t} \quad (3.6)$$

$$\ln Y_{i,t} = \alpha_2 + \beta_2 \ln Y_{i,t-1} + \gamma_2 \ln L_{i,t} + \eta_2 \ln E_{Ci,t} + \lambda_2 \ln E_{Ci,t} \times \ln L_{i,t} \quad (3.7)$$

$$\ln Y_{i,t} = \alpha_3 + \beta_3 \ln Y_{i,t-1} + \gamma_3 \ln A_{i,t} + \eta_3 \ln E_{Ci,t} + \lambda_3 \ln E_{Ci,t} \times \ln A_{i,t} \quad (3.8)$$

市场制度创新对提高资本投入、劳动投入和技术进步的经济增长偏效应模型为：

$$\ln Y_{i,t} = \alpha_1 + \beta_1 \ln Y_{i,t-1} + \gamma_1 \ln K_{i,t} + \eta_1 \ln E_{Mi,t} + \lambda_1 \ln E_{Mi,t} \times \ln K_{i,t} \quad (3.9)$$

$$\ln Y_{i,t} = \alpha_2 + \beta_2 \ln Y_{i,t-1} + \gamma_2 \ln L_{i,t} + \eta_2 \ln E_{Mi,t} + \lambda_2 \ln E_{Mi,t} \times \ln L_{i,t} \\ (3.10)$$

$$\ln Y_{i,t} = \alpha_3 + \beta_3 \ln Y_{i,t-1} + \gamma_3 \ln A_{i,t} + \eta_3 \ln E_{Mi,t} + \lambda_3 \ln E_{Mi,t} \times \ln A_{i,t} \\ (3.11)$$

政府制度创新对提高资本投入、劳动投入和技术进步的经济增长偏效应模型为：

$$\ln Y_{i,t} = \alpha_1 + \beta_1 \ln Y_{i,t-1} + \gamma_1 \ln K_{i,t} + \eta_1 \ln E_{Gi,t} + \lambda_1 \ln E_{Gi,t} \times \ln K_{i,t} \\ (3.12)$$

$$\ln Y_{i,t} = \alpha_2 + \beta_2 \ln Y_{i,t-1} + \gamma_2 \ln L_{i,t} + \eta_2 \ln E_{Gi,t} + \lambda_2 \ln E_{Gi,t} \times \ln L_{i,t} \tag{3.13}$$

$$\ln Y_{i,t} = \alpha_3 + \beta_3 \ln Y_{i,t-1} + \gamma_3 \ln A_{i,t} + \eta_3 \ln E_{Gi,t} + \lambda_3 \ln E_{Gi,t} \times \ln A_{i,t} \tag{3.14}$$

本书在将企业制度创新、市场制度创新和政府制度创新引入生产函数构建模型的基础上，在第六章将运用计量经济学方法做进一步的实证分析。

# 第四章

# 东北老工业基地制度创新现状分析

## 第一节 东北老工业基地制度创新的历史演进

### 一、计划经济体制的建立

第一，国有经济的建立：1948年11月至1952年。从1948年东北解放开始，为了愈合战后创伤恢复国民经济发展，国家在东北地区推行了一系列政策措施：一是接收原有大型工矿企业并将其国营化，通过开展献纳器材运动、制定《工矿企业管理条例暂行草案》（1948）提高国营企业经营管理水平等恢复工业发展；二是通过加工制、订货制、合股制、代销制、出租制等可行方式进行公私合作，尽量扩大公营和私营企业生产能力；三是国家加大对东北的投资，以及在内地招聘专业技术人才派遣到东北，来支持东北经济恢复与发展；四是通过实行厂长负责制、经济核算制和开展劳动生产大竞赛等来提高企业效率等。一系列政策措施的颁布和实施，标志着东北地区国有经济体制的率先建立，也使得东北地区经济得到快速恢复并取得一定发展。1950年东北公营工业产值比 1949 年增长 117%；1952 年公营工业产值比 1951 年增长约 42%。私营工业也有很快发展，1950~1952 年增长率分别约为 42%、44%、9%。工业占总产值比重不断提升，1949~1952 年，比重由 35%、43%、52.6% 提升至 55.9%。

第二，计划经济体制的建立：1953~1957 年。这一时期，东北地区在全国最早建立了计划经济体制。国家在"一五"计划期间所确定的 156 项重点项目建设中有 56 项落户东北，并且中央和东北地方政府又围绕这 56 项重点项目建设了上千项配套项目。随着计划经济体制的建立，重点项目和大型企业的建设和投产，东北经济社会得到了快速发展。在"一五"计划末年，重点建设的辽宁，其固定资产原值占全国的 27.5%，居全国第 1 位；工业总产值占全国的 16%，居全国第二位，钢产量占全国 60%、烧碱产量占全国 50%、金属切割机床产量占全国 30%、发电量占全国 27%、原煤产量占全国 17%，飞机、军舰、弹药等军事工业也占了很大比重，最早建成了全国重化工业和军事工业基地①。东北地区已能设计年产 150 万吨钢的钢铁联合企业、年产 240 万吨煤的煤矿等大型技术复杂工程②。并且由于朝鲜战争而进行的"南厂北迁"，加快了黑龙江的工业发展步伐，使得重工业布局更加平衡和合理化。进一步提升或新建了鞍钢、本钢、长春汽车厂、吉林"三大化"、哈尔滨"三大动力"等一批重点企业，形成了辽南重工业城市群和长春、哈尔滨、齐齐哈尔及鸡西、鹤岗、双鸭山等工业型城市或资源型城市。

第三，分权体制改革的尝试：1958~1965 年。这一时期，国家在制定第二个五年规划时，将投资重点放在中西部地区，安排在东北地区的重点建设项目数量明显减少。党的八大前后，为避免苏联管得过多过死的弊病，中央开始向地方放权。加之"大跃进"的背景，地方投资扩张迅猛，特别是钢铁、机械、煤炭等产量增长迅速，"五小"工业急剧膨胀。但由于电力、交通等行业发展滞后，条块分割使得企业间协作

---

① 石建国：《东北工业化研究》，中共中央党校论文，2006 年，第 62~63、80 页。
② 王玉芹：《东北地区工业振兴的历史基础》，载《吉林日报》2004 年 9 月 10 日。

关系被打乱，非规模经济导致成本高昂等原因，使得重工业内部比例关系严重失调、轻工业发展严重滞后、损失浪费现象严重，最终引起各方面经济关系紧张和国民经济严重困难。1961年，中央提出了"调整、巩固、充实、提高"八字方针，对"五小"等非经济企业进行关、停、并、转，力求缩短工业战线、加强轻工业和支农产业，并通过加强管理来提高经济效益、理顺企业间协作关系、改变经济关系失调现象。期间，大庆油田的发现和开采极大地推动了东北重化工业的发展，东北由此兴建了一批大型石化企业、铁路、原油输出专用海港及输油管道网。但总体而言，由于摊子铺得太大、设备更新维修率不足、对内地支援较多且重化工产品价格较低、条块矛盾多头管理效率较低等原因，使得东北地区工业在整体技术水平方面已落后于上海等先进地区，总体上在设备水平、产品成本、产品质量、劳动生产率、产值利润率等方面已不占优势。

第四，"文化大革命"对东北体制改革和经济的破坏：1966年至改革开放前。这一时期，东北老工业基地受"文化大革命"等因素影响，工业发展遭受重大冲击，生产遭受巨大损失。虽然在这期间，为解决多头管理、管得过死等问题，中央在精简国家经济管理机构的同时，将中央直属企事业单位下放地方管理，形成"全部下放"和"省部共管、以省为主"两种主要形式，放权之后，东北地区出现经济过热现象，职工人数大幅增加；"五小"工业快速发展，对于增加就业、支援农业、改善工业结构布局等都起过一定作用，后期逐步被主管部门升级、过渡到全民所有制经济范围之内。但总体而言，除了石油、电子工业等少数行业及齐齐哈尔等少数地区以外，总体生产情况并不尽如人意。以辽宁为例，1973~1976年工业总产值增长率分别为9.8%、7%、6.9%和6%，呈逐年下降趋势。1966~1976年鞍钢劳动生产率降低了19%，吨钢综合能耗提高了10%。辽宁工业生产的增长，近60%是靠增加人这种外延式增长方式实现的[①]。横向相比，与上海、北京等先进地区的技

---

① 石建国：《从开埠设厂到"共和国长子"：东北百年工业简史》，中国人民大学出版社2016年版，第223页。

术和生产率水平已逐渐拉开了距离。

改革开放前,东北老工业基地的整体发展水平和发展速度要优于全国平均水平。该时期国家集中财力、物力和人力等资源,对东北工业和基础设施进行大规模投入,带动了东北经济社会的快速发展。这不仅使东北经济得以从战争破坏中迅速恢复,而且通过指令性计划强化了基础原材料工业和机器制造业,保证了社会生产和人民生活的基本需要。该时期,东北作为全国最大的工业基地,以出机器、出人才、出经验,来大力支援全国的工业建设。但随着经济规模的扩大和社会分工的复杂化,东北工业发展受到高度集中的计划经济体制制约,出现了轻重工业比例失调、国有经济比重过大、大中型企业过多、政企不分、企业办社会等诸多问题,使得企业普遍缺乏活力,限制了东北地区优势的发挥,也成为改革开放后东北工业调整改造的重要任务[①]。

## 二、改革开放后的制度变迁

(1) 从计划经济体制向社会主义市场经济体制的转变:1978~2003年。这一时期,国家做出改革开放和建立社会主义市场经济体制等重大战略决策,并提出一系列相关政策措施。在此影响下,东北地区也制定了相应的改革措施,主要集中在国有企业产权改革和技术改造等方面。在国有企业改革方面,为了尽快适应市场经济要求,提高国有企业竞争力,制定实施了国有企业"三改一加强"(改制、改组、改造和加强管理)和建立规范的现代企业制度等政策措施;在技术改造方面,政府加大技术改造的投资力度,具体措施包括:一是下放固定资产折旧支配权。将原先上缴中央财政的固定资产折旧下放企业,并大幅提高固定资产折旧率,为企业技术改造提供支持;二是政策扶持。通过税收优惠政策和财政补贴政策,为企业提供政策支持;三是设立专项基金。通过设

---

① 陈耀:《我国东北工业发展60年:回顾与展望》,载《学习与探索》2009年第5期,第40页。

立产业专项基金,对企业技术改造进行扶持,推动技术改造进程。这一时期的政策措施在一定程度上,推动了东北老工业基地的产业结构升级和企业技术创新改造,也为东北地区的经济发展带来了有利影响,但由于受计划经济体制影响较深、产业结构单一、国有企业规模和比重过大、市场化程度较低等原因,政策实施取得的效果并不明显。

(2) 东北老工业基地调整改造和全面振兴:2003年至今。面对东北老工业基地不断衰落的严峻形势,2003年10月,中共中央、国务院发布《中共中央、国务院关于实施东北地区等老工业基地振兴战略的若干意见》,正式将振兴东北老工业基地上升为国家战略,明确了振兴东北的指导思想、方针任务和政策措施,2009年9月,国务院发布《国务院关于进一步实施东北地区等老工业基地振兴战略的若干意见》,从经济社会各个方面,为东北振兴制定了更为详细的政策措施,在实施振兴东北战略前10年,东北老工业基地经济社会得到快速发展,地区生产总值增速高于全国两个百分点。但从2014年下半年开始,东北经济下行压力不断增大,体制机制深层次问题进一步显现,辽宁甚至出现了负增长,面对东北老工业基地的现实困境,党中央、国务院和相关部门,从总体上和专项领域改革等方面相继密集出台一系列政策文件,尤其是2016年4月,中共中央、国务院发布《中共中央、国务院关于全面振兴东北地区等老工业基地的若干意见》,制定了新一轮东北老工业基地全面振兴战略,并提出了"四个着力"的总要求,随着相关政策的实施和落实,东北地区经济发展出现了止跌回升、企稳向好的局面。

制度创新相对滞后对经济增长的影响。由于东北地区"最早进入计划经济、最晚退出计划经济",东北地区尽管通过加大投资、技术改造、公司制改革等途径,形成中国一汽、华晨汽车、鞍钢、本钢、哈尔滨电气、中国一重、大庆石化、沈飞、沈阳黎明、沈阳重工、沈阳机床、沈阳鼓风机、大连船舶、大连冰山等一批大型骨干企业,但与东部沿海省份相比,囿于体制机制及各方面的原因,东北老工业基地虽然在制度创新方面付出了很大努力,但成效并不理想。就地区工业总产值占全国比重而言,不但没有上升却呈现不断下降的态势,东北工业总产值占全国比重由1978年的16.41%一路下降至2016年的4.90%，反映了东北工业总体衰落不争的事实。主要原因在于制度创新不完善、政策措施落实不到位，改革避重就轻不够深化。东北地区是受计划经济体制影响较深，国有企业规模较大，社保基金、"厂办大集体"、离退休职工等人员包袱、"企业办社会"的社会负担等历史遗留问题等依然存在，对东北地区的改革和发展造成了巨大阻碍。

## 第二节 东北老工业基地振兴中存在的主要问题

### 一、体制机制改革有待进一步深化

体制机制束缚一直是阻碍东北老工业基地全面振兴的核心问题之一。2003年国家实施东北振兴战略之后，体制机制改革稳步推进，但深层次问题仍然没能有效解决。第一，政府职能转变不到位。政府和市场关系尚未理顺，政府直接配置资源、管得过多过细以及职能错位、越位、缺位、不到位问题依然存在，"放管服"改革和优化营商环境有待进一步推进；第二，国资国企改革不够深入。国有企业治理模式和经营机制不够完善，企业市场主体地位尚未真正确立，历史遗留问题仍有待解决，企业内在活力、市场竞争力和发展引领力急需增强，国有经济布局战略调整还需推进，国有企业产权改革、混合所有制发展还有待进一步探索；第三，民营经济发展支持力度不够。部分行业和领域仍然存在准入限制和"门槛高"等问题，民营经济难以公开、公平、公正的参与市场竞争，民营企业参与国有企业改制重组的支持力度不够，中小企业和小微企业的金融服务仍不完善，主业突出、核心竞争力强的民营企业集团和龙头企业十分欠缺；第四，重点专项领域改革推进不够深入。厂办大集体和分离企业办社会职能等历史遗留问题仍然存在；第五，对外开放和区域合作仍需加强。应主动融入、积极参与"一带一路"倡议，努力打造我国向北开放的重要窗口和东北亚地区合作中心枢纽，同时，积极推进与京津冀等经济区的对接，构建新的区域合作格局，推动区域融合发展。

## 二、结构调整有待进一步推进

东北老工业基地产业结构是典型的重型结构，原材料工业和装备制造业比重过大，这既是优势又是结构优化的重大制约。在结构调整方面，虽然坚持多策并举、扎实推进，并取得了明显成效和阶段性成果，但结构优化升级、战略性新兴产业和传统制造业共同发展、现代服务业和传统服务业相互促进、信息化和工业化深度融合仍然是东北老工业基地结构调整的重要目标：第一，装备制造业等优势产业提质增效有待加强。当前，东北老工业基地在制造业核心竞争力、产业竞争优势等方面还需进一步提高和加强。应加快先进制造业发展，提升原材料产业精深加工，推进国防科技工业军民融合式发展，加快信息化和工业化深度融合，深入研究制定产业衰退地区的发展政策措施。第二，新产业新业态有待培育。当前，东北老工业基地仍然存在"一企独大、一业独大"的状况，尚未形成产业多元化发展格局，特色资源优势未得到充分发挥，高科技手段运用不足，高新技术产业发展缓慢。第三，现代服务业有待发展。东北老工业基地以生产性服务业为重点的现代服务业发展相对滞后，大部分企业仍然坚持经营非核心业务，影响企业向价值链高端延伸，金融业发展水平滞后，多层次资本市场尚不健全，现代物流业、旅游业亟待发展。第四，农业生产水平有待提高。现代化大农业是农业发展的必然趋势和选择，东北老工业基地的农业生产尚未形成规模化、集约化、专业化和标准化水平，农业生产中的资金技术投入明显不足。第五，基础设施水平有待提升。由于受经济发展等因素的影响，东北地区的基础设施改造和建设的投入水平也相对较低，铁路、公路、机场、河运海运、电力、能源等基础设施改扩建进展较为缓慢。

## 三、创新创业政策有待进一步完善

创新创业对于东北老工业基地培育新的内生发展动力,推动全面振兴具有十分重要的战略意义。面对创新创业发展水平较低的现状,相关鼓励政策和措施有待进一步完善:第一,区域创新体系不够完善。创新创业的重视程度不够,有利于创新的政策和制度环境不够健全,创新链整合有待加强。第二,科教机构与区域发展联系不够紧密。以企业为主体,科研院所、高校、职业院校、科技服务机构等参加的产业技术联盟建立滞后,制约科技与经济结合的体制机制障碍依然存在。第三,人才培养和智力引进力度不够。吸引和使用人才的政策措施有待完善,人才激励机制有待健全,应将引进人才、培养人才、留住人才和用好人才放在首位。

## 四、保障和改善民生有待进一步加强

随着东北振兴战略的实施,东北老工业基地经济社会取得一定发展,人民生活水平得到显著提高,但在保障和改善民生方面仍然存在一系列问题:第一,社保、就业等重点民生问题仍待解决。由于社保资金缺口较大,民生建设资金投入还需进一步加大,近期特别要防止经济发展下行压力传导到民生领域。第二,棚户区、独立工矿区改造等重大民生工程仍待推进。在资源枯竭城市、独立工矿区、老工业城市、国有林区和垦区棚户区改造等方面,仍需提供财政和金融等支持力度。第三,城市更新改造和城乡公共服务均等化仍待完善。城市基础设施老旧问题依然存在,城市道路、轨道交通、地下综合管廊等设施建设与更新改造力度仍需加大,老工业区搬迁改造和城市空间规划设计,也需结合实际加快推进。第四,资源型城市可持续发展仍待探索。资源型城市的可持续发展问题,一直是制约东北老工业基地全面振兴的核心问题之一,完善财政转移支付制度,解决历史遗留问题和推动资源枯竭城市实施产业转型仍需同时大力推进。第五，生态环境问题仍待改善。绿色发展理念不够牢固，损害甚至破坏生态环境的发展模式和做法依然存在，生态脆弱区生态移民试点工作、重点生态功能区补偿机制、污染防治工作等方面亟待推进。

## 第三节 制约东北老工业基地振兴的制度因素分析

### 一、主要制度因素

从东北老工业基地工业化的历史演进和存在的主要问题可以看出，制约东北老工业基地全面振兴的关键是制度因素，而在众多制度因素中起到主要作用的是企业、市场和地方政府三大主体的制度创新问题。

（1）企业制度。当前，东北老工业基地还存在国有企业效率不高、国有经济"一股独大"、国有经济布局分散、民营经济等非公有制经济发展相对滞后和缓慢、企业组织形式和经营管理制度落后等问题，这些问题的存在严重制约了企业的发展。科学合理的制度安排是企业良性发展的前提，建立以市场经济为基础，以企业法人制度为主体，以公司制度为核心，以产权清晰、权责明确、政企分开、管理科学为条件的现代企业制度，是东北老工业基地企业制度创新的目标，也是东北老工业基地全面振兴的客观要求。

（2）市场制度。当前，东北老工业基地要素市场和商品市场，总体上仍然存在市场化程度不高、市场体系不健全、市场机制不完善等问题。行业垄断、非公有制经济发展水平不高、城乡发展不协调、市场主体保护制度不健全等因素，直接影响东北老工业基地市场制度创新进程。不断完善社会主义市场经济体制，充分发挥市场在资源配置中的基础性作用，提高资源配置和利用效率，是东北老工业基地全面振兴的必然选择。

(3) 地方政府制度。政府作为制度的主要供给方，在制度创新中处于核心地位。当前，东北老工业基地地方政府的制度创新进展缓慢，且存在系统性不强、规范性不够等问题。优化营商环境、推进"放管服"改革、建设法治政府、创新政府、廉洁政府、服务型政府，是地方政府制度创新的必然选择，也是东北老工业基地全面振兴的重要保障。

## 二、东北老工业基地制度创新的特殊性

东北地区受地理条件、发展历史和文化环境等因素影响，制度创新存在一定的特殊性，具体表现在"强政府、弱市场、弱企业"，国有经济大而不强、"官本位"思想浓厚、缺乏改革动力等。

(1) "强政府、弱市场"。由于受计划经济体制影响根深蒂固，东北地区形成了"强政府、弱市场"的发展现状。中华人民共和国成立初期，经过公私合营、"三反""五反"等运动，私人资本几近消失。东北作为全国最早解放的地区，早期国家对东北的投资最大、接收大型工矿企业并对之进行国有化范围最广，地方政府对经济干预影响至深。改革开放后，由于东北地区计划调配资源较多，价格放开等工作都远远晚于其他地区。东北地区是典型的政府主导型投资模式，2003~2012年主要是国家预算内投资为主，2012年之后中央政府投资占比持续下降，地方政府投资比重明显上升。在企业管理方面，地方政府仍然发挥着重要作用。相比之下，市场机制作用发挥不充分，商品市场尤其是要素市场发育不健全，市场机制不完善，从而在很大程度上限制了地方经济的发展。

(2) 国有经济大而不强，强央企、弱地方国企。东北老工业基地受历史因素等影响，国有经济始终占据主导地位，国有企业比重较大，且央企占据主要份额。"东北现象"与其说是"国企现象"不如说是"央企现象"。目前，东北三省地方国企占比已在50%以下，但央企占国企的"半壁江山"。其中辽宁占比为40%、吉林约90%、黑龙江也占60%以上。央企与地方国企融合度不高，主要表现在军民融合、央地结合发展不利，从而在很大程度上制约了东北经济的发展。国有企业比重过高还导致民营

企业发展滞后和营商环境不尽如人意。由于重点行业大多被国企尤其是央企垄断,民营企业即使能够进入这些行业,也只能为国企或央企作"配套",形成生产经营上的依附关系和体制上的"寄生"关系。民企和国企央企之间,在市场准入、资源获取、政策支持、平等竞争、执法环境等诸多方面都处于弱势地位,极大制约了民营经济的健康发展。

(3)"官本位"等思想浓厚。东北是实行计划经济体制最早、时间最长、贯彻最彻底的地区,既在计划经济时期创造了辉煌,也集中了计划经济体制的所有弊端。计划经济体制很大程度上就是一种"官本位"的制度安排。在计划经济时期,企业的生产经营、物资调拨、产品分配,都由上级部门决定。在社会主义市场经济条件下,本来应由市场发挥决定性作用,但由于"官本位"等统治思想仍在东北地区广泛存在,建设法治政府、创新政府、廉洁政府、服务型政府的目标尚未实现,而是普遍存在"管理""管制"市场主体,缺乏为市场主体服务的意识,并且"官本位"等思想还是创新创业的最大障碍:一是与超前意识和创新精神格格不入,二是不利于人才健康成长与合理配置,三是导致权力异化,降低政府服务经济发展的效率,严重阻碍了经济健康发展。

(4)缺乏"倒逼"改革的外部动力。由于东北地区对外开放面临的东北亚区域合作环境复杂多变,致使东北老工业基地开放程度不高,缺乏"倒逼"改革的外部动力。东北地区虽居东北亚跨国贸易核心区域,但是周边贸易环境特殊,东北地区成了事实上的贸易死角:一是朝韩对立使得周边局势处于"准冷战"状态;二是俄罗斯与中国体制差异较大,大规模企业自由贸易障碍较多;三是日本与东北在制造业方面存在潜在竞争。在关键技术方面,日本始终对中国严防死守。较低的对外开放水平,让东北地区缺乏"倒逼"改革的外部压力和动力。结构性问题与体制性问题相互缠绕,降低了改革的内部动力。东北经济仍然严重依赖重工业,结构性矛盾非常突出:一是传统重化工业比重高,依赖性强,发展难度大,产业升级任务很重;二是新兴产业虽然发展快,但是规模小、比重低,不足以替代传统产业的支柱地位;三是资源型地区正处在"资源陷阱"中,产业结构单一,创新能力不足。

# 第五章

# 东北老工业基地制度创新实证分析

## 第一节 企业制度创新

企业制度是企业产权制度、企业组织形式和经营管理制度的总和。企业制度的核心是产权制度,企业组织形式和经营管理制度是以产权制度为基础的,三者分别构成企业制度的不同层次。企业制度创新,是指建立现代企业制度,也就是要建立以市场经济为基础,以企业法人制度为主体,以公司制度为核心,以产权清晰、权责明确、政企分开、管理科学为特征的新型企业制度。

### 一、产权制度改革

(一) 主要进展

改革开放以来,特别是 2003 年 10 月中共中央、国务院发布《中共中央、国务院关于实施东北地区等老工业基地振兴战略的若干意见》、2009 年 9 月国务院发布《国务院关于进一步实施东北地区等老工业基地振兴战略的若干意见》以来,东北老工业基地以体制机制创新为动力,以产权改革为核心,以建立现代企业制度为目标,大力推进国有企业改革重组和国有经济布局调整,单一公有制经济为主的所有制结构得到较大调整,产权制度创新取得重要的阶段性成果。

1. 国有经济比重降幅明显

在 2003 年国家实施东北老工业基地振兴战略之后,东北老工业基地大力推进国有经济战略布局调整,单一的所有制结构得到有效改善。当前,东北老工业基地国有经济无论从数量上还是规模上的与东北老工业基地振兴战略实施之初相比,均有较大幅度下降。

从国有企业数量来看,根据表 5-1 的数据显示,2003 年,东北三省规模以上工业企业共有 11693 个(辽宁 6842 个、吉林 2284 个、黑龙江 2567 个),其中国有控股工业企业共有 3273 个(辽宁 1334 个、吉林 969 个、黑龙江 970 个),占比 27.99%(辽宁 19.50%、吉林 42.43%、黑龙江 37.79%),2015 年,东北三省规模以上工业企业共有 22148 个(辽宁 12304 个、吉林 5682 个、黑龙江 4162 个),其中国有控股工业企业下降为 1427 个(辽宁 606 个、吉林 375 个、黑龙江 446 个),占比下降为 6.44%(辽宁 4.93%、吉林 6.60%、黑龙江 10.72%)。

表 5-1  2003~2015 年东北三省国有控股工业企业单位数量变化情况

单位:户数

| 地区 | 指标 | 2003年 | 2004年 | 2005年 | 2006年 | 2007年 | 2008年 | 2009年 | 2010年 | 2011年 | 2012年 | 2013年 | 2014年 | 2015年 |
|---|---|---|---|---|---|---|---|---|---|---|---|---|---|---|
| 辽宁 | 规模以上工业企业 | 6842 | 10635 | 11510 | 14754 | 16556 | 21876 | 23364 | 23832 | 16914 | 17347 | 17305 | 15707 | 12304 |
| | 国有控股工业企业 | 1334 | 2139 | 1397 | 1254 | 839 | 1046 | 883 | 852 | 630 | 635 | 653 | 624 | 606 |
| | 比重(%) | 19.50 | 20.11 | 12.14 | 8.50 | 5.07 | 4.78 | 3.78 | 3.58 | 3.72 | 3.66 | 3.77 | 3.97 | 4.93 |
| 吉林 | 规模以上工业企业 | 2284 | 3280 | 2774 | 3249 | 3984 | 5257 | 5936 | 6181 | 5158 | 5286 | 5376 | 5311 | 5682 |
| | 国有控股工业企业 | 969 | 1258 | 583 | 466 | 391 | 416 | 407 | 406 | 345 | 357 | 363 | 366 | 375 |
| | 比重(%) | 42.43 | 38.35 | 21.02 | 14.34 | 9.81 | 7.91 | 6.86 | 6.57 | 6.69 | 6.75 | 6.75 | 6.89 | 6.60 |

续表

| 地区 | 指标 | 2003年 | 2004年 | 2005年 | 2006年 | 2007年 | 2008年 | 2009年 | 2010年 | 2011年 | 2012年 | 2013年 | 2014年 | 2015年 |
|---|---|---|---|---|---|---|---|---|---|---|---|---|---|---|
| 黑龙江 | 规模以上工业企业 | 2567 | 3297 | 2887 | 2956 | 3172 | 4392 | 4408 | 4596 | 3377 | 3911 | 4398 | 4305 | 4162 |
| | 国有控股工业企业 | 970 | 1253 | 693 | 661 | 515 | 543 | 505 | 517 | 426 | 458 | 460 | 457 | 446 |
| | 比重（%） | 37.79 | 38.00 | 24.00 | 22.36 | 16.24 | 12.36 | 11.46 | 11.25 | 12.61 | 11.71 | 10.46 | 10.62 | 10.72 |
| 东北三省 | 规模以上工业企业 | 11693 | 17212 | 17171 | 20959 | 23712 | 31525 | 33708 | 34609 | 25449 | 26544 | 27079 | 25323 | 22148 |
| | 国有控股工业企业 | 3273 | 4650 | 2673 | 2381 | 1745 | 2005 | 1795 | 1775 | 1401 | 1450 | 1476 | 1447 | 1427 |
| | 比重（%） | 27.99 | 27.02 | 15.57 | 11.36 | 7.36 | 6.36 | 5.33 | 5.13 | 5.51 | 5.46 | 5.45 | 5.71 | 6.44 |

资料来源：根据《中国统计年鉴》（2004~2016）相关数据整理、计算而得。

从国有企业资产规模来看，根据表5-2数据显示，2003年，东北三省规模以上工业企业资产总计为17354.53亿元（辽宁9180.58亿元、吉林3674.95亿元、黑龙江4499.00亿元），其中国有控股企业资产总计为12913.11亿元（辽宁6277.99亿元、吉林2931.20亿元、黑龙江3703.92亿元），占比74.41%（辽宁68.38%、吉林79.76%、黑龙江82.33%），2015年，东北三省规模以上工业企业资产总计为71974.28亿元（辽宁38573.04亿元、吉林17993.28亿元、黑龙江15407.96亿元），其中国有控股企业资产总计为37130.72亿元（辽宁18658.15亿元、吉林9018.92亿元、黑龙江9453.65亿元），占比下降为51.59%（辽宁48.37%、吉林50.12%、黑龙江61.36%）。

从产值规模来看，根据表5-3数据显示，2003年，东北三省规模以上工业企业工业销售产值为11449.90亿元（辽宁5996.13亿元、吉林2598.89亿元、黑龙江2854.88亿元），其中国有控股工业企业销售产值为7770.17亿元（辽宁3508.21亿元、吉林1981.53亿元、黑龙江2280.43亿元），占比67.86%（辽宁58.51%、吉林76.25%、黑龙江79.88%），2015年，东北三省规模以上工业企业工业销售产值为66979.89亿元

## 第五章 东北老工业基地制度创新实证分析

表 5-2　2015年东北三省国有控股工业企业资产总计变化情况

单位：亿元

| 地区 | 指标 | 2003年 | 2004年 | 2005年 | 2006年 | 2007年 | 2008年 | 2009年 | 2010年 | 2011年 | 2012年 | 2013年 | 2014年 | 2015年 |
|---|---|---|---|---|---|---|---|---|---|---|---|---|---|---|
| 辽宁 | 规模以上工业企业 | 9180.58 | 11050.45 | 11902.12 | 14140.89 | 17034.52 | 22040.91 | 25333.81 | 29076.78 | 31417.30 | 34779.77 | 38665.07 | 39246.62 | 38573.04 |
|  | 国有控股工业企业 | 6277.99 | 7265.01 | 7274.18 | 7940.35 | 9679.89 | 11899.99 | 13453.32 | 14588.59 | 15462.67 | 16160.87 | 17214.92 | 17791.95 | 18658.15 |
|  | 比重（%） | 68.38 | 65.74 | 61.12 | 56.15 | 56.83 | 53.99 | 53.10 | 50.17 | 49.22 | 46.47 | 44.52 | 45.33 | 48.37 |
| 吉林 | 规模以上工业企业 | 3674.95 | 4266.28 | 4506.88 | 5449.59 | 6024.60 | 7525.18 | 8525.06 | 10196.15 | 11898.88 | 13896.98 | 15677.96 | 16686.60 | 17993.28 |
|  | 国有控股工业企业 | 2931.20 | 3213.26 | 3245.39 | 3696.63 | 3711.70 | 4484.24 | 4780.21 | 5623.00 | 6521.70 | 7633.24 | 8232.19 | 8797.90 | 9018.92 |
|  | 比重（%） | 79.76 | 75.32 | 72.01 | 67.83 | 61.61 | 59.59 | 56.07 | 55.15 | 54.81 | 54.93 | 52.51 | 52.72 | 50.12 |
| 黑龙江 | 规模以上工业企业 | 4499.00 | 5101.59 | 5174.47 | 5690.43 | 6578.79 | 7826.92 | 8860.63 | 10471.17 | 11918.83 | 13223.14 | 14215.77 | 14995.19 | 15407.96 |
|  | 国有控股工业企业 | 3703.92 | 4049.6 | 3983.60 | 4389.05 | 4874.84 | 5466.69 | 6080.25 | 7114.50 | 8114.97 | 8662.87 | 9095.69 | 9489.41 | 9453.65 |
|  | 比重（%） | 82.33 | 79.38 | 76.99 | 77.13 | 74.10 | 69.84 | 68.62 | 67.94 | 68.09 | 65.51 | 63.98 | 63.28 | 61.36 |

续表

| 地区 | 指标 | 2003年 | 2004年 | 2005年 | 2006年 | 2007年 | 2008年 | 2009年 | 2010年 | 2011年 | 2012年 | 2013年 | 2014年 | 2015年 |
|---|---|---|---|---|---|---|---|---|---|---|---|---|---|---|
| 东北三省 | 规模以上工业企业 | 17354.53 | 20418.32 | 21583.47 | 25280.91 | 29637.91 | 37393.01 | 42719.50 | 49744.10 | 55235.01 | 61899.89 | 68558.80 | 70928.41 | 71974.28 |
| | 国有控股工业企业 | 12913.11 | 14527.87 | 14503.17 | 16026.03 | 18266.43 | 21850.92 | 24313.78 | 27326.09 | 30099.34 | 32456.98 | 34542.80 | 36079.26 | 37130.72 |
| | 比重（%） | 74.41 | 71.15 | 67.20 | 63.39 | 61.63 | 58.44 | 56.91 | 54.93 | 54.49 | 52.43 | 50.38 | 50.87 | 51.59 |

资料来源：根据《中国统计年鉴》（2004~2016）相关数据整理、计算而得。

表5-3　2003~2015年东北三省国有控股工业企业工业销售产值情况

单位：亿元

| 地区 | 指标 | 2003年 | 2004年 | 2005年 | 2006年 | 2007年 | 2008年 | 2009年 | 2010年 | 2011年 | 2012年 | 2013年 | 2014年 | 2015年 |
|---|---|---|---|---|---|---|---|---|---|---|---|---|---|---|
| 辽宁 | 规模以上工业企业 | 5996.13 | 8442.65 | 10649.01 | 13929.05 | 17895.25 | 24105.81 | 27543.97 | 35441.68 | 41100.74 | 47945.50 | 51734.67 | 48764.29 | 32926.82 |
|  | 国有控股工业企业 | 3508.21 | 4817.51 | 5763.34 | 6405.03 | 7995.23 | 9545.74 | 9178.06 | 11082.87 | 12289.46 | 12803.66 | 12284.41 | 12453.54 | 10055.21 |
|  | 比重（%） | 58.51 | 57.06 | 54.12 | 45.98 | 44.68 | 39.60 | 33.32 | 31.27 | 29.90 | 26.70 | 23.75 | 25.54 | 30.54 |
| 吉林 | 规模以上工业企业 | 2598.89 | 3302.90 | 3737.60 | 4559.88 | 6230.62 | 8220.00 | 9707.39 | 12911.00 | 16636.2 | 19627.62 | 21690.90 | 22963.51 | 22529.20 |
|  | 国有控股工业企业 | 1981.53 | 2327.55 | 2519.52 | 2833.10 | 3509.98 | 4027.56 | 4406.65 | 5677.14 | 6958.14 | 7451.09 | 7857.48 | 8222.53 | 7085.36 |
|  | 比重（%） | 76.25 | 70.47 | 67.41 | 62.13 | 56.33 | 49.00 | 45.39 | 43.97 | 41.83 | 37.96 | 36.22 | 35.81 | 31.45 |
| 黑龙江 | 规模以上工业企业 | 2854.88 | 3631.96 | 4588.80 | 5359.69 | 6060.62 | 7494.84 | 7146.78 | 9269.34 | 11191.76 | 12253.34 | 13415.89 | 13139.38 | 11523.87 |
|  | 国有控股工业企业 | 2280.43 | 2838.15 | 3524.61 | 4156.11 | 4425.71 | 5088.88 | 4309.97 | 5407.22 | 6340.94 | 6349.68 | 6387.16 | 6204.02 | 4678.12 |
|  | 比重（%） | 79.88 | 78.14 | 76.81 | 77.54 | 73.02 | 67.90 | 60.31 | 58.33 | 56.66 | 51.82 | 47.61 | 47.22 | 40.60 |

续表

| 地区 | 指标 | 2003年 | 2004年 | 2005年 | 2006年 | 2007年 | 2008年 | 2009年 | 2010年 | 2011年 | 2012年 | 2013年 | 2014年 | 2015年 |
|---|---|---|---|---|---|---|---|---|---|---|---|---|---|---|
| 东北三省 | 规模以上工业企业 | 11449.90 | 15377.51 | 18975.41 | 23848.62 | 30186.49 | 39820.65 | 44398.14 | 57622.02 | 68928.70 | 79826.46 | 86841.46 | 84867.18 | 66979.89 |
| | 国有控股工业企业 | 7770.17 | 9983.21 | 11807.47 | 13394.24 | 15930.92 | 18662.18 | 17894.68 | 22167.23 | 25588.54 | 26604.43 | 26529.05 | 26880.09 | 21818.69 |
| | 比重（%） | 67.86 | 64.92 | 62.23 | 56.16 | 52.77 | 46.87 | 40.31 | 38.47 | 37.12 | 33.33 | 30.55 | 31.67 | 32.57 |

资料来源：根据《中国统计年鉴》（2004~2016）相关数据整理、计算而得。

(辽宁32926.82亿元、吉林22529.20亿元、黑龙江11523.87亿元），其中国有控股工业企业销售产值为21818.69亿元（辽宁10055.21亿元、吉林7085.36亿元、黑龙江4678.12亿元），占比下降为32.57%（辽宁30.54%、吉林31.45%、黑龙江40.60%）。

从投资规模来看，根据表5-4数据显示，2003年，东北三省全社会固定资产投资为4211.57亿元（辽宁2076.36亿元、吉林969.03亿元、黑龙江1166.18亿元），其中国有与集体单位固定资产投资为1996.76亿元（辽宁941.71亿元、吉林449.66亿元、黑龙江605.39亿元），占比47.41%（辽宁45.35%、吉林46.40%、黑龙江51.93%），2015年，东北三省全社会固定资产投资为40806.13亿元（辽宁17917.89亿元、吉林12705.29亿元、黑龙江10182.95亿元），其中国有与集体单位固定资产投资为9152.12亿元（辽宁3236.65亿元、吉林2961.49亿元、黑龙江2953.98亿元），占比下降为22.43%（辽宁18.06%、吉林23.31%、黑龙江29.01%）。

通过上述分析可以看出，从东北三省规模以上工业企业中国有控股工业企业数量、资产总计、工业销售产值及全社会固定资产投资中国有与集体单位所占比重等四个方面考察，自2003年国家实施东北老工业基地全面振兴战略至今，东北老工业基地所有制结构调整幅度较大，国有经济比重整体呈现较快的下降趋势且降幅明显。2003~2015年东北老工业基地国有经济比重变化情况，如图5-1所示。

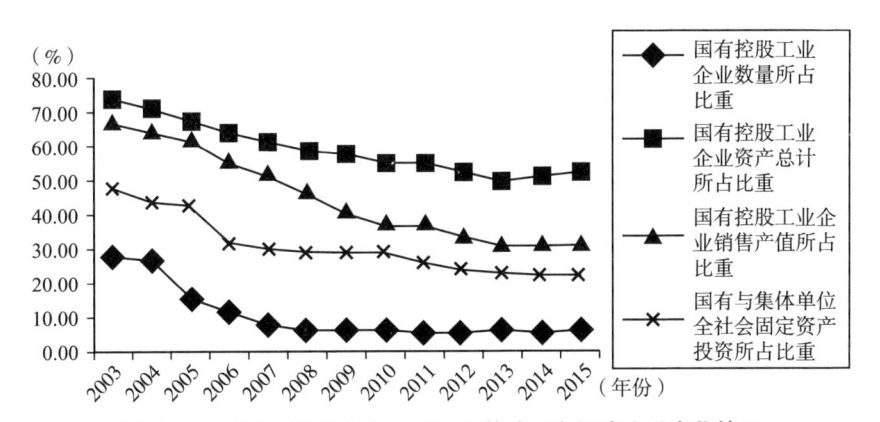

图5-1 2003~2015年东北老工业基地国有经济比重变化情况

表 5-4　2003~2015年东北三省国有与集体单位全社会固定资产投资情况

单位：亿元

| 地区 | 指标 | 2003年 | 2004年 | 2005年 | 2006年 | 2007年 | 2008年 | 2009年 | 2010年 | 2011年 | 2012年 | 2013年 | 2014年 | 2015年 |
|---|---|---|---|---|---|---|---|---|---|---|---|---|---|---|
| 辽宁 | 全社会固定资产投资 | 2076.36 | 2979.59 | 4200.45 | 5689.64 | 7435.23 | 10019.07 | 12292.49 | 16043.03 | 17726.29 | 21836.30 | 25107.66 | 24730.80 | 17917.89 |
| | 国有与集体单位 | 941.71 | 1269.46 | 1744.55 | 1636.21 | 2042.89 | 2576.07 | 2946.14 | 3881.40 | 3885.94 | 4618.42 | 4808.41 | 4659.91 | 3236.65 |
| | 比重（%） | 45.35 | 42.61 | 41.53 | 28.76 | 27.48 | 25.71 | 23.97 | 24.19 | 21.92 | 21.15 | 19.15 | 18.84 | 18.06 |
| 吉林 | 全社会固定资产投资 | 969.03 | 1169.10 | 1741.09 | 2594.34 | 3651.36 | 5038.92 | 6411.60 | 7870.38 | 7441.71 | 9511.50 | 9979.26 | 11339.62 | 12705.29 |
| | 国有与集体单位 | 449.66 | 504.10 | 700.69 | 810.62 | 1037.71 | 1325.30 | 1825.4 | 2279.20 | 1694.69 | 2105.30 | 2405.96 | 2527.18 | 2961.49 |
| | 比重（%） | 46.40 | 43.12 | 40.26 | 31.25 | 28.42 | 26.30 | 28.47 | 28.96 | 22.77 | 22.13 | 24.11 | 22.29 | 23.31 |
| 黑龙江 | 全社会固定资产投资 | 1166.18 | 1430.82 | 1737.27 | 2236.00 | 2833.50 | 3655.97 | 5028.83 | 6812.56 | 7475.38 | 9694.70 | 11453.08 | 9828.99 | 10182.95 |
| | 国有与集体单位 | 605.39 | 666.20 | 815.26 | 922.24 | 1173.58 | 1556.39 | 2128.75 | 2783.50 | 2889.45 | 3204.32 | 3401.50 | 3063.15 | 2953.98 |
| | 比重（%） | 51.93 | 46.56 | 46.91 | 41.25 | 41.42 | 42.57 | 42.32 | 40.86 | 38.65 | 33.05 | 29.70 | 31.16 | 29.01 |

续表

| 地区 | 指标 | 2003年 | 2004年 | 2005年 | 2006年 | 2007年 | 2008年 | 2009年 | 2010年 | 2011年 | 2012年 | 2013年 | 2014年 | 2015年 |
|---|---|---|---|---|---|---|---|---|---|---|---|---|---|---|
| 东北三省 | 全社会固定资产投资 | 4211.57 | 5579.51 | 7678.81 | 10519.98 | 13920.09 | 18713.96 | 23732.92 | 30725.97 | 32643.38 | 41042.50 | 46540.00 | 45899.41 | 40806.13 |
| | 国有与集体单位 | 1996.76 | 2439.76 | 3260.50 | 3369.07 | 4254.18 | 5457.76 | 6900.29 | 8944.1 | 8470.08 | 9928.04 | 10615.87 | 10250.24 | 9152.12 |
| | 比重（%） | 47.41 | 43.73 | 42.46 | 32.03 | 30.56 | 29.16 | 29.07 | 29.11 | 25.95 | 24.19 | 22.81 | 22.33 | 22.43 |

资料来源：根据《中国统计年鉴》（2004~2016）相关数据整理、计算而得。

## 2. 民营经济得到一定发展

按照国家东北老工业基地振兴战略的部署和要求，东北老工业基地各级地方政府为了大力推动民营经济发展，出台了一系列政策措施，在营造公平、公正的竞争性营商环境方面取得了显著成效，使得民营经济得到较快发展，在东北老工业基地全面振兴中的支撑作用逐渐增强，但由于民营经济基础相对薄弱，对地区经济发展的促进作用没有得到充分发挥。

从企业数量来看，根据表5-5数据显示，2003年，东北三省共有私营工业企业3152个（辽宁2044个、吉林496个、黑龙江612个），占规模以上工业企业比重为26.96%（辽宁29.87%、吉林21.72%、黑龙江23.84%），2015年，东北三省私营工业企业增加至12424个（辽宁7660个、吉林2809个、黑龙江1955个），占规模以上工业企业比重增加至56.10%（辽宁62.26%、吉林49.44%、黑龙江46.97%），占比提高了29.14个百分点（辽宁32.39、吉林27.72、黑龙江23.13）。

表5-5 2003~2015年东北三省私营工业企业单位数量变化情况

| 地区 | 指标 | 2003年 | 2004年 | 2005年 | 2006年 | 2007年 | 2008年 | 2009年 | 2010年 | 2011年 | 2012年 | 2013年 | 2014年 | 2015年 |
|---|---|---|---|---|---|---|---|---|---|---|---|---|---|---|
| 辽宁 | 规模以上工业企业（户） | 6842 | 10635 | 11510 | 14754 | 16556 | 21876 | 23364 | 23832 | 16914 | 17347 | 17305 | 15707 | 12304 |
| | 私营工业企业（户） | 2044 | 3863 | 5118 | 7713 | 9352 | 13637 | 15157 | 15898 | 11172 | 11653 | 11512 | 10319 | 7660 |
| | 比重（%） | 29.87 | 36.32 | 44.47 | 52.28 | 56.49 | 62.34 | 64.87 | 66.71 | 66.05 | 67.18 | 66.52 | 65.70 | 62.26 |
| 吉林 | 规模以上工业企业（户） | 2284 | 3280 | 2774 | 3249 | 3984 | 5257 | 5936 | 6181 | 5158 | 5286 | 5376 | 5311 | 5682 |
| | 私营工业企业（户） | 496 | 884 | 1034 | 1425 | 1977 | 2928 | 3454 | 3652 | 2676 | 2689 | 2683 | 2636 | 2809 |
| | 比重（%） | 21.72 | 26.95 | 37.27 | 43.86 | 49.62 | 55.70 | 58.19 | 59.08 | 51.88 | 50.87 | 49.91 | 49.63 | 49.44 |

续表

| 地区 | 指标 | 2003年 | 2004年 | 2005年 | 2006年 | 2007年 | 2008年 | 2009年 | 2010年 | 2011年 | 2012年 | 2013年 | 2014年 | 2015年 |
|---|---|---|---|---|---|---|---|---|---|---|---|---|---|---|
| 黑龙江 | 规模以上工业企业（户） | 2567 | 3297 | 2887 | 2956 | 3172 | 4392 | 4408 | 4596 | 3377 | 3911 | 4398 | 4305 | 4162 |
| 黑龙江 | 私营工业企业（户） | 612 | 824 | 984 | 1120 | 1351 | 2132 | 2212 | 2366 | 1503 | 1758 | 2126 | 2080 | 1955 |
| 黑龙江 | 比重（%） | 23.84 | 24.99 | 34.08 | 37.89 | 42.59 | 48.54 | 50.18 | 51.48 | 44.51 | 44.95 | 48.34 | 48.32 | 46.97 |
| 东北三省 | 规模以上工业企业（户） | 11693 | 17212 | 17171 | 20959 | 23712 | 31525 | 33708 | 34609 | 25449 | 26544 | 27079 | 25323 | 22148 |
| 东北三省 | 私营工业企业（户） | 3152 | 5571 | 7136 | 10258 | 12680 | 18697 | 20823 | 21916 | 15351 | 16100 | 16321 | 15035 | 12424 |
| 东北三省 | 比重（%） | 26.96 | 32.37 | 41.56 | 48.94 | 53.48 | 59.31 | 61.77 | 63.32 | 60.32 | 60.65 | 60.27 | 59.37 | 56.10 |

资料来源：根据《中国统计年鉴》（2004~2016）相关数据整理、计算而得。

从资产规模来看，根据表5-6数据显示，2003年，东北三省私营工业企业资产总计为892.72亿元（辽宁571.47亿元、吉林136.72亿元、黑龙江184.53亿元），占规模以上工业企业资产总计的比重为5.14%（辽宁6.22%、吉林3.72%、黑龙江4.10%），2015年，东北三省私营工业企业资产总计为13192.24亿元（辽宁8318.89亿元、吉林3048.04亿元、黑龙江1825.31亿元），占规模以上工业企业比重增加至18.33%（辽宁21.57%、吉林16.94%、黑龙江11.85%），占比提高了13.19个百分点（辽宁15.35、吉林13.22、黑龙江7.75）。

表 5-6  2003~2015 年东北三省私营工业企业资产总计变化情况

| 地区 | 指标 | 2003年 | 2004年 | 2005年 | 2006年 | 2007年 | 2008年 | 2009年 | 2010年 | 2011年 | 2012年 | 2013年 | 2014年 | 2015年 |
|---|---|---|---|---|---|---|---|---|---|---|---|---|---|---|
| 辽宁 | 规模以上工业企业（亿元） | 9180.58 | 11050.45 | 11902.12 | 14140.89 | 17034.52 | 22040.91 | 25333.81 | 29076.78 | 31417.30 | 34779.77 | 38665.07 | 39246.62 | 38573.04 |
| | 私营工业企业（亿元） | 571.47 | 962.52 | 1359.29 | 1910.62 | 2438.56 | 4173.15 | 5086.67 | 6391.79 | 7013.03 | 8650.36 | 9873 | 9930.08 | 8318.89 |
| | 比重（%） | 6.22 | 8.71 | 11.42 | 13.51 | 14.32 | 18.93 | 20.08 | 21.98 | 22.32 | 24.87 | 25.53 | 25.30 | 21.57 |
| 吉林 | 规模以上工业企业（亿元） | 3674.95 | 4266.28 | 4506.88 | 5449.59 | 6024.60 | 7525.18 | 8525.06 | 10196.15 | 11898.88 | 13896.98 | 15677.96 | 16686.60 | 17993.28 |
| | 私营工业企业（亿元） | 136.72 | 185.02 | 254.91 | 393.3 | 604.73 | 1051.55 | 1364.63 | 1663.06 | 1839.25 | 1919.56 | 2178.02 | 2427.91 | 3048.04 |
| | 比重（%） | 3.72 | 4.34 | 5.66 | 7.22 | 10.04 | 13.97 | 16.01 | 16.31 | 15.46 | 13.81 | 13.89 | 14.55 | 16.94 |

续表

| 地区 | 指标 | 2003年 | 2004年 | 2005年 | 2006年 | 2007年 | 2008年 | 2009年 | 2010年 | 2011年 | 2012年 | 2013年 | 2014年 | 2015年 |
|---|---|---|---|---|---|---|---|---|---|---|---|---|---|---|
| 黑龙江 | 规模以上工业企业（亿元） | 4499.00 | 5101.59 | 5174.47 | 5690.43 | 6578.79 | 7826.92 | 8860.63 | 10471.17 | 11918.83 | 13223.14 | 14215.77 | 14995.19 | 15407.96 |
| | 私营工业企业（亿元） | 184.53 | 237.2 | 319.74 | 416.34 | 560.49 | 772.83 | 862.02 | 1141.95 | 1107.18 | 1312.4 | 1623.84 | 1739.13 | 1825.31 |
| | 比重（%） | 4.10 | 4.65 | 6.18 | 7.32 | 8.52 | 9.87 | 9.73 | 10.91 | 9.29 | 9.93 | 11.42 | 11.60 | 11.85 |
| 东北三省 | 规模以上工业企业（亿元） | 17354.53 | 20418.32 | 21583.47 | 25280.91 | 29637.91 | 37393.01 | 42719.50 | 49744.10 | 55235.01 | 61899.89 | 68558.80 | 70928.41 | 71974.28 |
| | 私营工业企业（亿元） | 892.72 | 1384.74 | 1933.94 | 2720.26 | 3603.78 | 5997.53 | 7313.32 | 9196.8 | 9959.46 | 11882.32 | 13674.86 | 14097.12 | 13192.24 |
| | 比重（%） | 5.14 | 6.78 | 8.96 | 10.76 | 12.16 | 16.04 | 17.12 | 18.49 | 18.03 | 19.20 | 19.95 | 19.88 | 18.33 |

资料来源：根据《中国统计年鉴》（2004~2016）相关数据整理、计算而得。

从产值规模来看,根据表 5-7 数据显示,2003 年,东北三省私营工业企业工业销售产值为 842.53 亿元(辽宁 546.72 亿元、吉林 139.60 亿元、黑龙江 156.21 亿元),占规模以上工业企业工业销售产值的 7.36%(辽宁 9.12%、吉林 5.37%、黑龙江 5.47%),2015 年,东北三省私营工业企业工业销售产值为 22428.73 亿元(辽宁 12591.85 亿元、吉林 6652.39 亿元、黑龙江 3184.49 亿元),占规模以上工业企业工业销售产值的 33.49%(辽宁 38.24%、吉林 29.53%、黑龙江 27.63%),占比提高了 26.13 个百分点(辽宁 29.12、吉林 24.16、黑龙江 22.16)。

从投资规模来看,根据表 5-8 数据显示,2003 年,东北三省私营与个体单位全社会固定资产投资为 581.28 亿元(辽宁 336.18 亿元、吉林 87.40 亿元、黑龙江 157.70 亿元),2015 年,东北三省私营与个体单位全社会固定资产投资为 15284.26 亿元(辽宁 8186.43 亿元、吉林 3951.60 亿元、黑龙江 3146.23 亿元),占全社会固定资产投资的 37.46%(辽宁 45.69%、吉林 31.10%、黑龙江 30.90%)。2003~2015 年东北老工业基地民营经济比重变化情况,如图 5-2 所示。

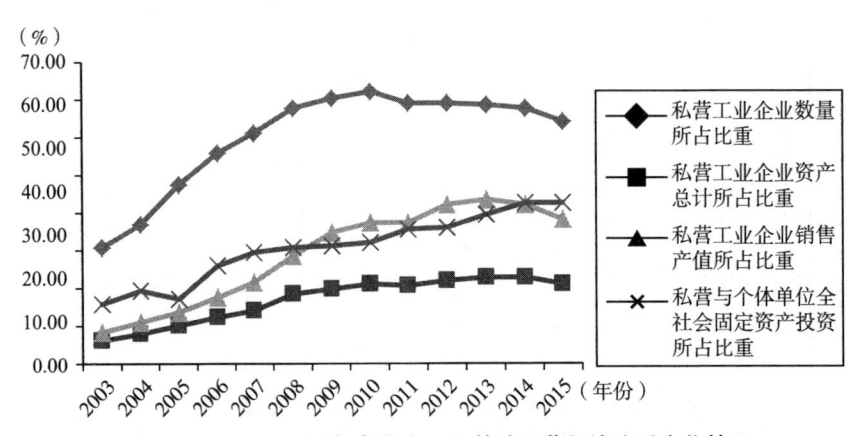

图 5-2 2003~2015 年东北老工业基地民营经济比重变化情况

表 5-7　　2003～2015 年东北三省私营工业企业工业销售产值情况

| 地区 | 指标 | 2003年 | 2004年 | 2005年 | 2006年 | 2007年 | 2008年 | 2009年 | 2010年 | 2011年 | 2012年 | 2013年 | 2014年 | 2015年 |
|---|---|---|---|---|---|---|---|---|---|---|---|---|---|---|
| 辽宁 | 规模以上工业企业（亿元） | 5996.13 | 8442.65 | 10649.01 | 13929.05 | 17895.25 | 24105.81 | 27543.97 | 35441.68 | 41100.74 | 47945.50 | 51734.67 | 48764.29 | 32926.82 |
|  | 私营工业企业（亿元） | 546.72 | 1032.07 | 1625.12 | 2786.17 | 4240.96 | 7328.53 | 9913.57 | 13784.21 | 16558.53 | 21761.29 | 24112.55 | 22099.66 | 12591.85 |
|  | 比重（%） | 9.12 | 12.22 | 15.26 | 20.00 | 23.70 | 30.40 | 35.99 | 38.89 | 40.29 | 45.39 | 46.61 | 45.32 | 38.24 |
| 吉林 | 规模以上工业企业（亿元） | 2598.89 | 3302.90 | 3737.60 | 4559.88 | 6230.62 | 8220.00 | 9707.39 | 12911.00 | 16636.2 | 19627.62 | 21690.90 | 22963.51 | 22529.20 |
|  | 私营工业企业（亿元） | 139.60 | 212.85 | 318.59 | 514.8 | 924.76 | 1748.83 | 2402.99 | 3351.96 | 4046.47 | 5174.36 | 5693.87 | 6095.85 | 6652.39 |
|  | 比重（%） | 5.37 | 6.44 | 8.52 | 11.29 | 14.84 | 21.28 | 24.75 | 25.96 | 24.32 | 26.36 | 26.25 | 26.55 | 29.53 |

续表

| 地区 | 指标 | 2003年 | 2004年 | 2005年 | 2006年 | 2007年 | 2008年 | 2009年 | 2010年 | 2011年 | 2012年 | 2013年 | 2014年 | 2015年 |
|---|---|---|---|---|---|---|---|---|---|---|---|---|---|---|
| 黑龙江 | 规模以上工业企业（亿元） | 2854.88 | 3631.96 | 4588.80 | 5359.69 | 6060.62 | 7494.84 | 7146.78 | 9269.34 | 11191.76 | 12253.34 | 13415.89 | 13139.38 | 11523.87 |
| | 私营工业企业（亿元） | 156.21 | 216.72 | 319.86 | 394.76 | 568.14 | 892.57 | 1094.7 | 1719.04 | 1970.66 | 2477.08 | 3278.44 | 3158.84 | 3184.49 |
| | 比重（%） | 5.47 | 5.97 | 6.97 | 7.37 | 9.37 | 11.91 | 15.32 | 18.55 | 17.61 | 20.22 | 24.44 | 24.04 | 27.63 |
| 东北三省 | 规模以上工业企业（亿元） | 11449.90 | 15377.51 | 18975.41 | 23848.62 | 30186.49 | 39820.65 | 44398.14 | 57622.02 | 68928.70 | 79826.46 | 86841.46 | 84867.18 | 66979.89 |
| | 私营工业企业（亿元） | 842.53 | 1461.64 | 2263.57 | 3695.73 | 5733.86 | 9969.93 | 13411.26 | 18855.21 | 22575.66 | 29412.73 | 33084.86 | 31354.35 | 22428.73 |
| | 比重（%） | 7.36 | 9.51 | 11.93 | 15.50 | 18.99 | 25.04 | 30.21 | 32.72 | 32.75 | 36.85 | 38.10 | 36.95 | 33.49 |

资料来源：根据《中国统计年鉴》（2004~2016）相关数据整理、计算而得。

表 5-8　2003～2015 年东北三省私营与个体单位全社会固定资产投资情况

| 地区 | 指标 | 2003年 | 2004年 | 2005年 | 2006年 | 2007年 | 2008年 | 2009年 | 2010年 | 2011年 | 2012年 | 2013年 | 2014年 | 2015年 |
|---|---|---|---|---|---|---|---|---|---|---|---|---|---|---|
| 辽宁 | 全社会固定资产投资（亿元） | 2076.36 | 2979.59 | 4200.45 | 5689.64 | 7435.23 | 10019.07 | 12292.49 | 16043.03 | 17726.29 | 21836.30 | 25107.66 | 24730.80 | 17917.89 |
| | 私营与个体单位（亿元） | 336.18 | 589.66 | 819.75 | 1486.56 | 2091.58 | 3140.67 | 4108.28 | 5437.5 | 6555.05 | 8376.64 | 10218.66 | 10580.69 | 8186.43 |
| | 比重（%） | 16.19 | 19.79 | 19.52 | 26.13 | 28.13 | 31.35 | 33.42 | 33.89 | 36.98 | 38.36 | 40.70 | 42.78 | 45.69 |
| 吉林 | 全社会固定资产投资（亿元） | 969.03 | 1169.10 | 1741.09 | 2594.34 | 3651.36 | 5038.92 | 6411.60 | 7870.38 | 7441.71 | 9511.50 | 9979.26 | 11339.62 | 12705.29 |
| | 私营与个体单位（亿元） | 87.40 | 87.40 | 117.80 | 503.64 | 868.05 | 1170.78 | 1425.46 | 1811.50 | 2086.80 | 2412.22 | 2720.8 | 3647.79 | 3951.60 |
| | 比重（%） | 9.02 | 7.48 | 6.77 | 19.41 | 23.77 | 23.23 | 22.23 | 23.02 | 28.04 | 25.36 | 27.26 | 32.17 | 31.10 |

续表

| 地区 | 指标 | 2003年 | 2004年 | 2005年 | 2006年 | 2007年 | 2008年 | 2009年 | 2010年 | 2011年 | 2012年 | 2013年 | 2014年 | 2015年 |
|---|---|---|---|---|---|---|---|---|---|---|---|---|---|---|
| 黑龙江 | 全社会固定资产投资（亿元） | 1166.18 | 1430.82 | 1737.27 | 2236.00 | 2833.50 | 3655.97 | 5028.83 | 6812.56 | 7475.38 | 9694.70 | 11453.08 | 9828.99 | 10182.95 |
| | 私营与个体单位（亿元） | 157.70 | 265.00 | 202.50 | 390.05 | 602.13 | 729.91 | 963.71 | 1384.50 | 1524.39 | 2207.87 | 3211.00 | 2855.71 | 3146.23 |
| | 比重（%） | 13.52 | 18.52 | 11.66 | 17.44 | 21.25 | 19.96 | 19.16 | 20.32 | 20.39 | 22.77 | 28.04 | 29.05 | 30.90 |
| 东北三省 | 全社会固定资产投资（亿元） | 4211.57 | 5579.51 | 7678.81 | 10519.98 | 13920.09 | 18713.96 | 23732.92 | 30725.97 | 32643.38 | 41042.50 | 46540.00 | 45899.41 | 40806.13 |
| | 私营与个体单位（亿元） | 581.28 | 942.06 | 1140.05 | 2380.25 | 3561.76 | 5041.36 | 6497.45 | 8633.50 | 10166.24 | 12996.73 | 16150.46 | 17084.19 | 15284.26 |
| | 比重（%） | 13.80 | 16.88 | 14.85 | 22.63 | 25.59 | 26.94 | 27.38 | 28.10 | 31.14 | 31.67 | 34.70 | 37.22 | 37.46 |

资料来源：根据《中国统计年鉴》（2004~2016）相关数据整理、计算而得。

3. 外资企业规模稳步增长

通过考察外商及港澳台商投资工业企业单位数、外商及港澳台商投资工业企业资产总计、外商及港澳台商投资工业企业工业销售产值等指标数据，可以看出东北三省外资企业规模呈现稳步增长状态。

2003年东北三省外商及港澳台商投资工业企业单位数共有1874个（辽宁1488个、吉林206个、黑龙江180个），2015年增加为2036个（辽宁1513个、吉林325个、黑龙江198个），增加了162个（辽宁25个、吉林119个、黑龙江18个）；2003年东北三省外商及港澳台商投资工业企业资产总计为2397.08亿元（辽宁1611.2亿元、吉林517.35亿元、黑龙江268.53亿元），2015年增加为11796.24亿元（辽宁8148.3亿元、吉林2115.59亿元、黑龙江1532.35亿元），增加了9399.16亿元（辽宁6537.1亿元、吉林1598.24亿元、黑龙江1263.82亿元）；2003年东北三省外商及港澳台商投资工业企业工业销售产值为2339.25亿元（辽宁1415.8亿元、吉林752.01亿元、黑龙江171.44亿元），2015年增加为10291.39亿元（辽宁6974.52亿元、吉林2207.73亿元、黑龙江1109.14亿元），增加了7952.14亿元（辽宁5558.72亿元、吉林1455.72亿元、黑龙江937.7亿元）。[①]

（二）存在的主要问题

1. 国有企业效率不高

之所以要加快推进东北老工业基地产权制度创新，深化产权结构改革，其根本原因在于国有企业效率相对较低。当前，东北老工业基地国有企业亏损数量规模仍然较大，且占有社会企业总资产一半以上的国有企业，其利润却仅占15%左右，这种低效率现状有待进一步改善。

根据表5-9可以看出，从亏损企业数量来看，2015年，东北老工业基地规模以上工业企业中，国有控股工业企业共有1427个，其中亏损企业达到506个，占比35.46%。其中辽宁国有控股企业共有606个，

---

① 资料来源：笔者根据《中国统计年鉴》（2004～2016）相关数据整理计算而得。

亏损企业达到214个，占比35.31%；吉林国有控股企业共有375个，亏损企业达到116个，占比30.93%；黑龙江国有控股企业共有446个，亏损企业达到176个，占比39.46%。从资产总计和利润总额来看，2015年，东北老工业基地国有控股工业企业资产总额为37130.72亿元，占规模以上工业企业资产总额的51.59%，而国有控股工业企业利润总额仅为422.79亿元，占规模以上工业企业利润总额的15.41%。其中辽宁国有控股工业企业资产总计为18658.15亿元，占规模以上工业企业利润总额的48.37%，而国有控股工业企业利润总额仅为-96.13亿元，占规模以上工业企业利润总额的-8.99%；吉林国有控股工业企业资产总计为9018.92亿元，占规模以上工业企业利润总额的50.12%，而国有控股工业企业利润总额仅为435.54亿元，占规模以上工业企业利润总额的36.04%；黑龙江国有控股工业企业资产总计为9453.65亿元，占规模以上工业企业利润总额的61.36%，而国有控股工业企业利润总额仅为83.38亿元，占规模以上工业企业利润总额的17.93%。利润总额与资产总计所占份额差距明显。由此可见，东北老工业基地国有企业效率有待进一步提高。

表5-9　　　　　　　　2015年东北三省国有企业效率情况

| 地区 | 国有控股工业企业单位数（个） | 国有控股工业企业亏损企业单位数（个） | 比重（%） | 规模以上工业企业资产总计（亿元） | 国有控股工业企业资产总计（亿元） | 比重（%） | 规模以上工业企业利润总额（亿元） | 国有控股工业企业利润总额（亿元） | 比重（%） |
|---|---|---|---|---|---|---|---|---|---|
| 辽宁 | 606 | 214 | 35.31 | 38573.04 | 18658.15 | 48.37 | 1069.66 | -96.13 | -8.99 |
| 吉林 | 375 | 116 | 30.93 | 17993.28 | 9018.92 | 50.12 | 1208.47 | 435.54 | 36.04 |
| 黑龙江 | 446 | 176 | 39.46 | 15407.96 | 9453.65 | 61.36 | 465.09 | 83.38 | 17.93 |
| 东北三省 | 1427 | 506 | 35.46 | 71974.28 | 37130.72 | 51.59 | 2743.22 | 422.79 | 15.41 |

资料来源：根据《中国统计年鉴》（2004~2016）相关数据整理、计算而得。

2. 国有经济"一股独大"

近年来，东北老工业基地大力推进所有制结构调整，国有经济比重大幅下降，企业产权制度创新取得阶段性成果，但国有经济比重在全国范围内仍然处于较高水平，且与发达省份和地区还存在较大差距。

根据表5-10统计的2015年全国部分地区国有经济指标可以看出，东北三省的国有控股工业企业数量为1427个，占规模以上工业企业数量比重为6.44%，比全国[①]平均水平高出1.41个百分点，从数量和所占比重方面看并不算高。但东北三省的国有控股工业企业资产总计却达到37130.72亿元，占规模以上工业企业资产总计的51.59%，高出全国平均水平近13个百分点；国有控股工业企业工业销售产值达到21818.69亿元，占规模以上工业企业工业销售产值的32.57%，高于全国平均水平近12个百分点。其中辽宁的国有控股工业企业资产总计为18658.15亿元，占规模以上工业企业资产总计的48.37%，高出全国平均水平9.54个百分点在全国排第18位，国有控股工业企业工业销售产值为10055.21亿元，占规模以上工业企业工业销售产值的30.54%，高出全国平均水平9.86个百分点，在全国排名第18位；吉林国有控股工业企业资产总计为9018.92亿元，占规模以上工业企业资产总计的50.12%，高出全国平均水平11.29个百分点，在全国排名第20位，国有控股工业企业工业销售产值为7085.36亿元，占规模以上工业企业工业销售产值的31.45%，高出全国平均水平10.77个百分点，在全国排名第19位；黑龙江国有控股工业企业资产总计为9453.65亿元，占规模以上工业企业资产总计的61.36%，高出全国平均水平22.53个百分点，在全国排名第24位，国有控股工业企业工业销售产值为4678.12亿元，占规模以上工业企业工业销售产值的40.60%，高出全国平均水平19.92个百分点，在全国排名第23位。东北三省国有经济比重仍然处于较高水平，国有产权改革有待进一步深化，企业产权制度有待进一步创新。

3. 国有经济布局过于分散

当前，东北老工业基地的国有资本主要分布在一般加工业、商业及生产性服务业等竞争性行业中，国有经济布局仍呈现过于分散的状况。

---

① 香港、澳门、台湾地区除外。

表 5–10　2015 年全国部分地区国有经济指标情况

| 地区 | 规模以上工业企业数量（个） | 国有控股工业企业数量（个） | 所占比重（%） | 规模以上工业企业资产总计（亿元） | 国有控股工业企业资产总计（亿元） | 所占比重（%） | 规模以上工业企业销售产值（亿元） | 国有控股工业企业销售产值（亿元） | 所占比重（%） | 全社会固定资产投资（亿元） | 国有与集体单位固定资产投资（亿元） | 所占比重（%） |
|---|---|---|---|---|---|---|---|---|---|---|---|---|
| 北京 | 3548 | 745 | 21.00 | 38609.76 | 28300.17 | 73.30 | 17279.27 | 10026.41 | 58.03 | 7495.99 | 1757.75 | 23.45 |
| 天津 | 5525 | 562 | 10.17 | 25242.98 | 12141.80 | 48.10 | 27460.49 | 7314.14 | 26.64 | 11831.99 | 3476.38 | 29.38 |
| 河北 | 15295 | 818 | 5.35 | 42717.82 | 16484.92 | 38.59 | 45407.38 | 8979.21 | 19.77 | 29448.27 | 5350.38 | 18.17 |
| 山西 | 3845 | 788 | 20.49 | 32068.45 | 21080.93 | 65.74 | 12566.97 | 6261.44 | 49.82 | 14074.15 | 4887.92 | 34.73 |
| 内蒙古 | 4404 | 669 | 15.19 | 29458.05 | 15388.83 | 52.24 | 18702.20 | 5641.26 | 30.16 | 13702.22 | 5405.29 | 39.45 |
| 辽宁 | 12304 | 606 | 4.93 | 38573.04 | 18658.15 | 48.37 | 32926.82 | 10055.21 | 30.54 | 17917.89 | 3236.65 | 18.06 |
| 吉林 | 5682 | 375 | 6.60 | 17993.28 | 9018.92 | 50.12 | 22529.20 | 7085.36 | 31.45 | 12705.29 | 2961.49 | 23.31 |
| 黑龙江 | 4162 | 446 | 10.72 | 15407.96 | 9453.65 | 61.36 | 11523.87 | 4678.12 | 40.60 | 10182.95 | 2953.98 | 29.01 |
| 上海 | 8994 | 689 | 7.66 | 37306.95 | 17437.33 | 46.74 | 31214.32 | 11449.57 | 36.68 | 6352.70 | 1617.86 | 25.47 |
| 江苏 | 48488 | 989 | 2.04 | 107061.70 | 18753.29 | 17.52 | 147391.90 | 14898.03 | 10.11 | 46246.87 | 9798.84 | 21.19 |
| 浙江 | 41167 | 750 | 1.82 | 66626.71 | 10617.83 | 15.94 | 64279.38 | 8900.51 | 13.85 | 27323.32 | 7176.06 | 26.26 |
| 安徽 | 19077 | 699 | 3.66 | 31359.95 | 13658.84 | 43.56 | 38798.25 | 8594.17 | 22.15 | 24385.97 | 5167.01 | 21.19 |
| 福建 | 17240 | 485 | 2.81 | 29647.54 | 7367.82 | 24.85 | 40216.04 | 4540.35 | 11.29 | 21301.38 | 6489.93 | 30.47 |

续表

| 地区 | 规模以上工业企业数量（个） | 国有控股工业企业数量（个） | 所占比重（%） | 规模以上工业企业资产总计（亿元） | 国有控股工业企业资产总计（亿元） | 所占比重（%） | 规模以上工业企业销售产值（亿元） | 国有控股工业企业销售产值（亿元） | 所占比重（%） | 全社会固定资产投资（亿元） | 国有与集体单位固定资产投资（亿元） | 所占比重（%） |
|---|---|---|---|---|---|---|---|---|---|---|---|---|
| 江西 | 9941 | 510 | 5.13 | 19217.51 | 5668.90 | 29.50 | 30618.43 | 4493.15 | 14.67 | 17388.13 | 3557.73 | 20.46 |
| 山东 | 41485 | 1258 | 3.03 | 101343.50 | 28344.50 | 27.97 | 144233.60 | 19623.15 | 13.61 | 48312.44 | 8587.73 | 17.78 |
| 河南 | 22892 | 820 | 3.58 | 55710.97 | 14227.92 | 25.54 | 73367.30 | 9515.99 | 12.97 | 35660.35 | 5581.29 | 15.65 |
| 湖北 | 16413 | 759 | 4.62 | 35399.12 | 15743.77 | 44.48 | 44113.44 | 10658.49 | 24.16 | 26563.90 | 6289.35 | 23.68 |
| 湖南 | 13992 | 764 | 5.46 | 23575.75 | 9325.62 | 39.56 | 36231.56 | 6766.83 | 18.68 | 25045.08 | 7392.05 | 29.51 |
| 广东 | 42113 | 1035 | 2.46 | 95411.22 | 21190.57 | 22.21 | 121049.70 | 16627.49 | 13.74 | 30343.03 | 6528.41 | 21.52 |
| 广西 | 5518 | 570 | 10.33 | 15122.30 | 6625.75 | 43.81 | 21412.39 | 5939.30 | 27.74 | 16227.78 | 4149.21 | 25.57 |
| 海南 | 380 | 75 | 19.74 | 2788.06 | 1160.13 | 41.61 | 1833.26 | 456.12 | 24.88 | 3451.22 | 805.15 | 23.33 |
| 重庆 | 6608 | 512 | 7.75 | 17846.08 | 8108.28 | 45.43 | 20944.81 | 5258.39 | 25.11 | 14353.24 | 4602.11 | 32.06 |
| 四川 | 13525 | 978 | 7.23 | 40401.38 | 20092.37 | 49.73 | 39213.22 | 9610.27 | 24.51 | 25525.90 | 8933.04 | 35.00 |
| 贵州 | 4482 | 525 | 11.71 | 13540.06 | 8062.82 | 59.55 | 9821.08 | 3429.16 | 34.92 | 10945.54 | 5481.75 | 50.08 |
| 云南 | 3876 | 623 | 16.07 | 18180.58 | 12498.44 | 68.75 | 9667.86 | 5322.51 | 55.05 | 13500.62 | 6500.24 | 48.15 |
| 西藏 | 104 | 27 | 25.96 | 895.00 | 635.53 | 71.01 | 126.12 | 49.72 | 39.42 | 1295.68 | 936.37 | 72.27 |
| 陕西 | 5413 | 759 | 14.02 | 28227.39 | 19960.85 | 70.71 | 20248.22 | 10410.67 | 51.42 | 18582.24 | 8074.59 | 43.45 |

续表

| 地区 | 规模以上工业企业数量（个） | 国有控股工业企业数量（个） | 所占比重（%） | 规模以上工业企业资产总计（亿元） | 国有控股工业企业资产总计（亿元） | 所占比重（%） | 规模以上工业企业销售产值（亿元） | 国有控股工业企业销售产值（亿元） | 所占比重（%） | 全社会固定资产投资（亿元） | 国有与集体单位固定资产投资（亿元） | 所占比重（%） |
|---|---|---|---|---|---|---|---|---|---|---|---|---|
| 甘肃 | 2148 | 417 | 19.41 | 11918.33 | 8812.70 | 73.94 | 6942.06 | 4808.06 | 69.26 | 8754.23 | 3968.97 | 45.34 |
| 青海 | 575 | 130 | 22.61 | 5781.41 | 4032.19 | 69.74 | 2358.69 | 1130.46 | 47.93 | 3210.63 | 1813.05 | 56.47 |
| 宁夏 | 1245 | 144 | 11.57 | 7801.07 | 3605.06 | 46.21 | 3604.23 | 1507.99 | 41.84 | 3505.45 | 1200.11 | 34.24 |
| 新疆 | 2707 | 746 | 27.56 | 18164.16 | 10945.75 | 60.26 | 7944.66 | 4327.63 | 54.47 | 10813.03 | 4926.07 | 45.56 |
| 东北三省 | 22148 | 1427 | 6.44 | 71974.28 | 37130.72 | 51.59 | 66979.89 | 21818.69 | 32.57 | 40806.13 | 9152.12 | 22.43 |
| 总计 | 383148 | 19273 | 5.03 | 1023398.08 | 397403.63 | 38.83 | 1104026.72 | 228359.16 | 20.68 | 561999.48 | 149606.76 | 26.89 |

资料来源：根据《中国统计年鉴》（2016）相关数据整理、计算而得。

从表5-11、表5-12、表5-13可以看出,2015年,在41个统计行业中,辽宁国有及国有控股工业企业资产分布在40个行业,其中资产总计在1000亿元以上的行业有6个,100亿元以上的行业有19个,10亿元以上的行业有28个;在41个统计行业中,吉林国有及国有控股工业企业资产分布在38个行业,其中资产总计在1000亿元以上的行业有2个,100亿元以上的行业有11个,10亿元以上的行业有28个;在43个统计行业中,黑龙江国有及国有控股工业企业资产分布在37个行业,其中资产总计在1000亿元以上的行业有4个,100亿元以上的行业有18个,10亿元以上的行业有29个。

表5-11　　2015年辽宁国有及国有控股工业企业资产分布情况

| 行业 | 企业单位数 | 资产总计(亿元) |
| --- | --- | --- |
| 黑色金属冶炼和压延加工业 | 37 | 4779.19 |
| 电力、热力生产和供应业 | 133 | 3042.18 |
| 铁路、船舶、航空航天和其他运输设备制造业 | 38 | 2044.72 |
| 专用设备制造业 | 31 | 1457.05 |
| 汽车制造业 | 51 | 1332.73 |
| 石油加工、炼焦和核燃料加工业 | 22 | 1200.41 |
| 煤炭开采和洗选业 | 6 | 924.66 |
| 通用设备制造业 | 29 | 701.83 |
| 石油和天然气开采业 | 1 | 636.61 |
| 化学原料和化学制品制造业 | 23 | 298.69 |
| 开采辅助活动 | 3 | 288.26 |
| 水的生产和供应业 | 26 | 286.30 |
| 计算机、通信和其他电子设备制造业 | 12 | 264.18 |
| 黑色金属矿采选业 | 7 | 254.50 |
| 医药制造业 | 11 | 166.72 |
| 非金属矿物制品业 | 30 | 165.85 |
| 燃气生产和供应业 | 12 | 145.73 |

续表

| 行业 | 企业单位数 | 资产总计（亿元） |
| --- | --- | --- |
| 金属制品业 | 18 | 103.37 |
| 有色金属冶炼和压延加工业 | 15 | 101.70 |
| 农副食品加工业 | 14 | 84.15 |
| 非金属矿采选业 | 5 | 77.04 |
| 仪器仪表制造业 | 7 | 73.65 |
| 烟草制品业 | 3 | 58.55 |
| 电气机械和器材制造业 | 15 | 45.38 |
| 印刷和记录媒介复制业 | 10 | 25.69 |
| 其他制造业 | 3 | 23.47 |
| 橡胶和塑料制品业 | 7 | 22.22 |
| 有色金属矿采选业 | 4 | 12.69 |
| 食品制造业 | 7 | 8.53 |
| 废弃资源综合利用业 | 2 | 8.21 |
| 酒、饮料和精制茶制造业 | 4 | 5.49 |
| 化学纤维制造业 | 1 | 4.93 |
| 金属制品、机械和设备修理业 | 3 | 3.36 |
| 家具制造业 | 3 | 2.86 |
| 造纸和纸制品业 | 1 | 2.58 |
| 纺织服装、服饰业 | 8 | 1.95 |
| 木材加工和木、竹、藤、棕、草制品业 | 1 | 1.29 |
| 文教、工美、体育和娱乐用品制造业 | 1 | 0.93 |
| 纺织业 | 1 | 0.30 |
| 皮革、毛皮、羽毛及其制品和制鞋业 | 1 | 0.19 |
| 其他采矿业 | — | — |

资料来源：《辽宁统计年鉴》（2016）。

表 5-12　　2015 年吉林国有及国有控股工业企业资产分布情况

| 行业 | 企业单位数 | 资产总计（亿元） |
| --- | --- | --- |
| 汽车制造业 | 28 | 33875936 |
| 电力、热力生产和供应业 | 121 | 13668973 |
| 石油和天然气开采业 | 9 | 6918445 |
| 非金属矿物制品业 | 28 | 6257172 |
| 铁路、船舶、航空航天和其他运输设备制造业 | 5 | 4641738 |
| 有色金属冶炼和压延加工业 | 1 | 4596263 |
| 化学原料和化学制品制造业 | 12 | 3276293 |
| 黑色金属冶炼和压延加工业 | 7 | 2704708 |
| 煤炭开采和洗选业 | 14 | 2297342 |
| 烟草制品业 | 5 | 1813153 |
| 开采辅助活动 | 3 | 1491816 |
| 木材加工和木、竹、藤、棕、草制品业 | 22 | 926302 |
| 黑色金属矿采选业 | 5 | 903439 |
| 农副食品加工业 | 20 | 773344 |
| 水的生产和供应业 | 13 | 708234 |
| 有色金属矿采选业 | 7 | 688596 |
| 化学纤维制造业 | 1 | 653063 |
| 燃气生产和供应业 | 3 | 489935 |
| 医药制造业 | 12 | 472742 |
| 造纸和纸制品业 | 2 | 468155 |
| 食品制造业 | 2 | 450235 |
| 通用设备制造业 | 7 | 447512 |
| 酒、饮料和精制茶制造业 | 5 | 403579 |
| 金属制品业 | 4 | 256703 |
| 计算机、通信和其他电子设备制造业 | 7 | 252863 |
| 专用设备制造业 | 11 | 223904 |
| 电气机械和器材制造业 | 4 | 187873 |

续表

| 行业 | 企业单位数 | 资产总计（亿元） |
| --- | --- | --- |
| 仪器仪表制造业 | 3 | 117595 |
| 印刷和记录媒介复制业 | 2 | 48695 |
| 橡胶和塑料制品业 | 5 | 47416 |
| 纺织服装、服饰业 | 1 | 40122 |
| 石油加工、炼焦和核燃料加工业 | 1 | 32989 |
| 金属制品、机械和设备修理业 | 1 | 21670 |
| 非金属矿采选业 | 2 | 18489 |
| 废弃资源综合利用业 | 1 | 8547 |
| 文教、工美、体育和娱乐用品制造业 | 1 | 5390 |
| 其他采矿业 | — | — |
| 纺织业 | — | — |
| 皮革、毛皮、羽毛及其制品和制鞋业 | — | — |
| 家具制造业 | — | — |
| 其他制造业 | — | — |

资料来源：《吉林统计年鉴》（2016）。

表5-13　2015年黑龙江国有及国有控股工业企业资产分布情况

| 行业 | 企业单位数 | 资产总计（亿元） |
| --- | --- | --- |
| 制造业 | 225 | 36169816 |
| 石油和天然气开采业 | 1 | 28264737 |
| 电力、热力、燃气及水的生产和供应业 | 197 | 22858608 |
| 电力、热力的生产和供应业 | 179 | 21208271 |
| 煤炭开采和洗选业 | 13 | 5764760 |
| 通用设备制造业 | 20 | 5309590 |
| 专用设备制造业 | 11 | 4505675 |
| 农副食品加工业 | 25 | 3858344 |
| 石油加工、炼焦和核燃料加工业 | 9 | 3832214 |

续表

| 行业 | 企业单位数 | 资产总计（亿元） |
|---|---|---|
| 铁路、船舶、航空航天和其他运输设备制造业 | 15 | 3573272 |
| 化学原料及化学制品制造业 | 17 | 2231897 |
| 电气机械及器材制造业 | 10 | 2060868 |
| 医药制造业 | 8 | 1909694 |
| 黑色金属冶炼及压延加工业 | 3 | 1845686 |
| 非金属矿物制品业 | 33 | 1574248 |
| 汽车制造业 | 9 | 1281750 |
| 水的生产和供应业 | 14 | 1261775 |
| 开采辅助活动 | 4 | 1008661 |
| 烟草制品业 | 2 | 844516 |
| 有色金属冶炼及压延加工业 | 4 | 669359 |
| 金属制品业 | 9 | 643163 |
| 食品制造业 | 12 | 639371 |
| 有色金属矿采选业 | 3 | 455495 |
| 燃气生产和供应业 | 4 | 388563 |
| 仪器仪表制造业 | 4 | 337560 |
| 造纸及纸制品业 | 1 | 312200 |
| 其他制造业 | 3 | 278327 |
| 印刷和记录媒介复制业 | 7 | 118889 |
| 酒、饮料和制茶造业 | 7 | 106972 |
| 木材加工及木、竹、藤、棕、草制品业 | 6 | 67191 |
| 橡胶和塑料制品业 | 4 | 57232 |
| 计算机、通信和其他电子设备制造业 | 2 | 50766 |
| 废弃资源综合利用业 | 1 | 42387 |
| 非金属矿采选业 | 3 | 14452 |
| 文教、工美、体育和康乐用品制造业 | 1 | 12851 |
| 家具制造业 | 1 | 4953 |

续表

| 行业 | 企业单位数 | 资产总计（亿元） |
|---|---|---|
| 皮革、毛皮、羽毛及其制品和制鞋业 | 1 | 844 |
| 黑色金属矿采选业 | — | — |
| 其他采矿业 | — | — |
| 纺织业 | | |
| 纺织服装、服饰业 | — | — |
| 化学纤维制造业 | — | — |
| 金属制品、机械和设备修理业 | | |

资料来源：《黑龙江统计年鉴》（2016）。

4. 民营经济发展相对滞后

随着东北老工业基地振兴战略的实施，东北老工业基地民营经济得到了一定发展，但与东北整体发展水平相比并不匹配，与其他发达地区相比仍然有较大差距，发展水平相对较为滞后。

根据表5-14的数据统计可以看出，2015年辽宁共有私营工业企业7660个，在全国排名第11位，吉林共有私营工业企业2809个，在全国[1]排名第17位，黑龙江共有私营工业企业1995个，在全国排名第21位，东北三省私营工业企业数量总和为12424个，比江苏的私营工业企业数量30352个相差近18000个；2015年辽宁私营工业企业资产总计为8318.89亿元，在全国排名第9位，吉林私营工业企业资产总计3048.04亿元，在全国排名第20位，黑龙江私营工业企业资产总计1825.31亿元，在全国排名第26位，东北三省私营工业企业资产总计为13192.24亿元，比全国排名第1位的江苏32525.54亿元，还低了近20000亿元；2015年辽宁私营工业企业工业销售产值为12591.85亿元，在全国排名第13位，吉林私营工业企业工业销售产值为6652.39亿元，在全国排名第16位，黑龙江私营工业企业工业销售产值为3184.49亿元，在全国排名第22位，

---

[1] 香港、澳门、台湾地区除外。

东北三省私营工业企业工业销售产值总计22428.73亿元,相当于排名第1位的山东的33.70%;2015年辽宁私营和个体全社会固定资产投资为8186.43亿元,在全国排名9位,吉林私营和个体全社会固定资产投资为3951.60亿元,在全国排名17位,黑龙江私营和个体全社会固定资产投资为3146.23亿元,在全国排名20位,东北三省私营和个体全社会固定资产投资总计为15284.26亿元,仅比排名第1位的江苏低了20000多亿元。通过对上述四项指标进行比较分析,可以得出东北老工业基地民营经济的发展水平仍然较为滞后,与发达省份相比仍然存在较大差距。

表 5–14　　　　2015 年全国部分地区私营经济指标情况

| 地区 | 私营工业企业单位数（个） | 排名 | 私营工业企业资产总计（亿元） | 排名 | 私营工业企业工业销售产值（亿元） | 排名 | 私营和个体全社会固定资产投资（亿元） | 排名 |
|---|---|---|---|---|---|---|---|---|
| 北京 | 1093 | 25 | 1444.14 | 27 | 916.53 | 27 | 564.05 | 28 |
| 天津 | 2574 | 18 | 3220.17 | 19 | 6105.50 | 17 | 3211.86 | 19 |
| 河北 | 9893 | 8 | 13349.67 | 6 | 22011.19 | 6 | 12331.48 | 3 |
| 山西 | 2258 | 20 | 5927.45 | 13 | 3811.92 | 19 | 4276.70 | 15 |
| 内蒙古 | 1812 | 23 | 4136.85 | 17 | 5121.99 | 18 | 2554.72 | 22 |
| 辽宁 | 7660 | 11 | 8318.89 | 9 | 12591.85 | 13 | 8186.43 | 9 |
| 吉林 | 2809 | 17 | 3048.04 | 20 | 6652.39 | 16 | 3951.60 | 17 |
| 黑龙江 | 1955 | 21 | 1825.31 | 26 | 3184.49 | 22 | 3146.23 | 20 |
| 上海 | 3840 | 15 | 4273.90 | 16 | 3690.83 | 20 | 1020.41 | 27 |
| 江苏 | 30352 | 1 | 32525.54 | 1 | 58991.25 | 2 | 21593.81 | 1 |
| 浙江 | 28050 | 2 | 23666.27 | 3 | 26617.81 | 4 | 8431.32 | 8 |
| 安徽 | 13611 | 5 | 8640.73 | 8 | 17330.11 | 8 | 10204.81 | 5 |
| 福建 | 8729 | 10 | 6217.86 | 12 | 13241.82 | 11 | 6200.41 | 12 |
| 江西 | 5040 | 13 | 5568.77 | 14 | 12701.33 | 12 | 7364.46 | 11 |
| 山东 | 26973 | 3 | 31148.96 | 2 | 66478.19 | 1 | 20268.76 | 2 |
| 河南 | 10661 | 6 | 15395.76 | 4 | 26943.58 | 3 | 11942.30 | 4 |

续表

| 地区 | 私营工业企业单位数（个） | 排名 | 私营工业企业资产总计（亿元） | 排名 | 私营工业企业工业销售产值（亿元） | 排名 | 私营和个体全社会固定资产投资（亿元） | 排名 |
|---|---|---|---|---|---|---|---|---|
| 湖北 | 8833 | 9 | 6989.18 | 11 | 15538.20 | 9 | 9294.10 | 6 |
| 湖南 | 10094 | 7 | 8661.97 | 7 | 19988.50 | 7 | 9276.43 | 7 |
| 广东 | 16581 | 4 | 15366.86 | 5 | 26285.47 | 5 | 7510.06 | 10 |
| 广西 | 2995 | 16 | 3461.46 | 18 | 7663.71 | 15 | 6169.86 | 13 |
| 海南 | 49 | 30 | 82.65 | 30 | 52.42 | 30 | 413.05 | 30 |
| 重庆 | 4112 | 14 | 4775.55 | 15 | 8412.87 | 14 | 4245.98 | 16 |
| 四川 | 7520 | 12 | 7553.05 | 10 | 14645.21 | 10 | 6037.01 | 14 |
| 贵州 | 2436 | 19 | 2244.57 | 24 | 3126.38 | 23 | 2211.96 | 24 |
| 云南 | 1789 | 24 | 2331.22 | 23 | 2009.75 | 24 | 2971.38 | 21 |
| 西藏 | 29 | 31 | 33.68 | 31 | 17.06 | 31 | 102.60 | 31 |
| 陕西 | 1865 | 22 | 2066.30 | 25 | 3241.81 | 21 | 3862.72 | 18 |
| 甘肃 | 757 | 28 | 897.44 | 28 | 846.14 | 28 | 2050.01 | 25 |
| 青海 | 265 | 29 | 834.72 | 29 | 664.49 | 29 | 563.86 | 29 |
| 宁夏 | 802 | 27 | 2410.51 | 22 | 1164.58 | 26 | 1481.92 | 26 |
| 新疆 | 1069 | 26 | 2589.01 | 21 | 1570.83 | 25 | 2344.35 | 23 |
| 东北三省 | 12424 | — | 13192.24 | — | 22428.73 | — | 15284.26 | — |
| 总计 | 216506 | — | 229006.48 | — | 391618.20 | — | 183784.64 | — |

资料来源：根据《中国统计年鉴》（2016）相关数据整理、计算而得。

5. 外资企业发展过于缓慢

近年来，虽然东北老工业基地外资企业得到了稳定的发展，但在全国范围内发展速度仍然较慢，无论从数量还是规模上都与发达地区存在非常明显的差距。

## 第五章 东北老工业基地制度创新实证分析

根据表 5-15 数据统计可以看出，2015 年辽宁外商及港澳台商投资工业企业为 1513 个，在全国[①]排名第 7 位，吉林外商及港澳台商投资工业企业为 325 个，在全国排名第 19 位，黑龙江外商及港澳台商投资工业企业为 198 个，在全国排名第 21 位，东北三省外商及港澳台商投资工业企业共有 2036 个，仅为排名第 1 位的广东的 15.22%；2015 年辽宁外商及港澳台商投资工业企业资产总计为 8148.30 亿元，在全国排名第 7 位，吉林外商及港澳台商投资工业企业资产总计为 2115.59 亿元，在全国排名 19 位，黑龙江外商及港澳台商投资工业企业资产总计为 1532.35 亿元，在全国排名第 23 位，东北三省外商及港澳台商投资工业企业资产总计为 11796.24 亿元，仅为排名第 1 位的广东省的 30.13%；2015 年辽宁外商及港澳台商投资工业企业工业销售产值为 6974.52 亿元，在全国排名第 9 位，吉林外商及港澳台商投资工业企业工业销售产值为 2207.73 亿元，在全国排名第 19 位，黑龙江外商及港澳台商投资工业企业工业销售产值为 1109.14 亿元，在全国排名第 23 位，东北三省外商及港澳台商投资工业企业工业销售产值总计为 10291.39 亿元，仅为排名第 1 位的广东的 19.77%；2015 年辽宁外商及港澳台商投资全社会固定资产投资为 1116.76 亿元，在全国排名第 7 位，吉林外商及港澳台商投资全社会固定资产投资为 174.68 亿元，在全国排名第 22 位，黑龙江外商及港澳台商投资全社会固定资产投资为 127.20 亿元，在全国排名第 23 位，东北三省外商及港澳台商投资全社会固定资产投资总计为 1418.64 亿元，仅为排名第 1 位的江苏的 36.35%。通过对上述 4 项指标的比较分析，可以得出虽然辽宁外资企业各项指标数据均处于全国前列，但东北老工业基地外资企业发展的整体水平仍然处于落后地位，尤其是吉林和黑龙江两省更是处于全国倒数几位，东北老工业基地外资企业总体水平与外资较为发达的广东、江苏等省的差距仍然非常明显。

---

[①] 因本处涉及港澳台商投资对比，全国的范围指除香港、澳门、台湾外的其他 31 个省（市、区）。

表5-15　2015年全国部分地区外商及港澳台商投资工业企业指标情况

| 地区 | 外商及港澳台商投资工业企业单位数（个） | 排名 | 外商及港澳台商投资工业企业资产总计（亿元） | 排名 | 外商及港澳台商投资工业企业工业销售产值（现价）（亿元） | 排名 | 外商及港澳台商投资全社会固定资产投资（亿元） | 排名 |
|---|---|---|---|---|---|---|---|---|
| 北京 | 803 | 12 | 7644.52 | 8 | 7004.19 | 8 | 534.71 | 15 |
| 天津 | 1507 | 8 | 7303.36 | 9 | 10010.37 | 7 | 679.00 | 11 |
| 河北 | 815 | 11 | 4827.12 | 12 | 4487.48 | 15 | 594.14 | 13 |
| 山西 | 141 | 24 | 1914.23 | 21 | 1142.40 | 21 | 238.83 | 21 |
| 内蒙古 | 166 | 23 | 2779.76 | 18 | 1127.94 | 22 | 73.97 | 27 |
| 辽宁 | 1513 | 7 | 8148.30 | 7 | 6974.52 | 9 | 1116.76 | 7 |
| 吉林 | 325 | 19 | 2115.59 | 19 | 2207.73 | 19 | 174.68 | 22 |
| 黑龙江 | 198 | 21 | 1532.35 | 23 | 1109.14 | 23 | 127.20 | 23 |
| 上海 | 3817 | 6 | 16728.52 | 3 | 19014.28 | 4 | 1175.13 | 6 |
| 江苏 | 10562 | 2 | 37256.71 | 2 | 50788.54 | 2 | 3902.44 | 1 |
| 浙江 | 5803 | 3 | 15302.64 | 4 | 14390.38 | 5 | 1986.77 | 3 |
| 安徽 | 778 | 13 | 3266.10 | 14 | 4923.11 | 14 | 734.12 | 10 |
| 福建 | 3954 | 5 | 10707.28 | 6 | 13988.74 | 6 | 1301.20 | 5 |
| 江西 | 825 | 10 | 3000.87 | 16 | 4317.38 | 16 | 300.36 | 18 |
| 山东 | 4013 | 4 | 12121.44 | 5 | 19105.23 | 3 | 1445.46 | 4 |
| 河南 | 545 | 16 | 5835.75 | 10 | 6042.60 | 11 | 287.95 | 20 |
| 湖北 | 834 | 9 | 5170.05 | 11 | 6293.93 | 10 | 842.01 | 9 |
| 湖南 | 563 | 15 | 1997.56 | 20 | 2962.19 | 18 | 414.59 | 17 |
| 广东 | 13380 | 1 | 39147.20 | 1 | 52055.93 | 1 | 3478.99 | 2 |
| 广西 | 461 | 17 | 2840.31 | 17 | 3847.10 | 17 | 451.20 | 16 |
| 海南 | 73 | 27 | 711.01 | 25 | 730.91 | 24 | 288.82 | 19 |
| 重庆 | 391 | 18 | 3047.80 | 15 | 4978.05 | 13 | 943.14 | 8 |
| 四川 | 602 | 14 | 3692.16 | 13 | 5043.52 | 12 | 649.37 | 12 |

续表

| 地区 | 外商及港澳台商投资工业企业单位数（个） | 排名 | 外商及港澳台商投资工业企业资产总计（亿元） | 排名 | 外商及港澳台商投资工业企业工业销售产值（现价）（亿元） | 排名 | 外商及港澳台商投资全社会固定资产投资（亿元） | 排名 |
|---|---|---|---|---|---|---|---|---|
| 贵州 | 89 | 25 | 380.15 | 27 | 364.57 | 26 | 81.3 | 26 |
| 云南 | 181 | 22 | 775.28 | 24 | 478.96 | 25 | 117.96 | 24 |
| 西藏 | 4 | 31 | 15.04 | 31 | 6.48 | 31 | 37.28 | 28 |
| 陕西 | 218 | 20 | 1791.54 | 22 | 1323.36 | 20 | 539.83 | 14 |
| 甘肃 | 48 | 28 | 259.17 | 29 | 132.49 | 29 | 36.86 | 29 |
| 青海 | 25 | 30 | 255.92 | 30 | 117.21 | 30 | 18.78 | 31 |
| 宁夏 | 43 | 29 | 456.98 | 26 | 269.25 | 27 | 20.55 | 30 |
| 新疆 | 81 | 26 | 278.00 | 28 | 184.95 | 28 | 83.39 | 25 |
| 东北三省 | 2036 | — | 11796.24 | — | 10291.39 | — | 1418.64 | — |
| 总计 | 52758 | — | 201302.71 | — | 245422.93 | — | 22676.79 | — |

资料来源：根据《中国统计年鉴》（2016）相关数据整理、计算而得。

## 二、企业组织形式和经营管理制度

### （一）主要进展

1. 建立现代企业制度

（1）公司制改革进一步推进。公司制度是现代企业制度的核心，而现代公司制企业的主要形式是有限责任公司和股份有限公司。2015年东北三省共有企业法人单位数为726590个，有限责任公司法人单位数为156722个，股份有限公司法人单位数为14636个，分别占企业法人单位总数的21.57%和2.01%，与2010年相比有限责任公司和股份有限公司分别增加了83570个和3464个。其中，2015年辽宁共有企业法人单位数为453377个，有限责任公司法人单位数为85347个，股份有限公司法人单位数为7299个，分别占企业法人单位总数的18.82%和1.61%，与2010年相比有限责任公司和股份有限公司数量分别增加了44288个和2562个；2015年吉林共有企业法人单位数为123843个，有限责任公司法人单位数为30270个，股份有限公司法人单位数为3239个，分别占企业法人单位总数的24.44%和2.62%；与2010年相比有限责任公司和股份有限公司数量分别增加了18866个和1009个；2015年黑龙江共有企业法人单位149370个，有限责任公司法人单位数为41105个，股份有限公司法人单位数为4098个，分别占企业法人单位总数的27.52%和2.74%；与2010年相比有限责任公司数量增加了20416个，股份有限公司数量减少了107个。从整体来看，东北三省有限责任公司和股份有限公司的数量大幅增加并呈现快速增长的趋势，现代公司制企业得到了一定程度的发展。

（2）公司法人治理结构进一步完善。完善国有企业法人治理结构，是通过建立合理的企业内部治理结构和有效的治理机制，最大限度地解决国有企业委托代理问题，是深化国企、国资改革的重要环节。当前，东北老工业基地大部分国有企业已完成现代公司法人治理结构的建立，"新三会"与"老三会"的关系初步理顺，已逐步实现"老三会"（即党委会、职工代表大会和工会）"新三会"（股东会、董事会和监事会）"新老并存"；党委会成员和职工代表通过法定程序进入董事会和监事会，董事会、监事会和管理层及工会中的党员负责人依照党章和有关规定进入党委会，即实行"双向进入"；实现党委书记兼任董事长、党委副书记兼任总经理或副总经理，工会主席兼任监事会主席，工人代表兼任公司监事，即"交叉任职"，以及董事会"两头兼顾"，既代表股东利益，体现出资人职责到位，又兼顾公司利益，负责企业的重大决策、战略监控、选聘、评估、考核、激励经理人员。

2. 建立企业集团

大型企业集团是市场经济发展到一定阶段的必然产物，它有利于充分发挥大企业的市场影响力、提升资源整合能力和自主创新能力、增强企业竞争优势、分散企业发展风险,是宏观经济增长的重要微观基础,对于推动国家产业结构优化升级、加快经济发展方式转变、维护市场经济秩序等均具有十分重要的意义。就东北地区而言,早在新中国成立初期,由于良好的资源条件、重工业基础及国家在重点建设项目安排上的倾斜,使东北地区形成了一大批大型、特大型企业,成为全国行业的"排头兵""领头羊"。但是,随着改革开放步伐的加快,在国家新一轮的经济竞跑中,由于体制、机制、习惯等种种原因,在20世纪末期,东北地区与东南沿海等经济发达省市相比经济发展速度相对放慢了,一些过去曾经在全国声名显赫的大企业,有的被超越,有的甚至破产了。东北老工业基地振兴战略的实施,使东北地区企业发展获得了又一次历史性机遇。培育大型企业集团,发展中小企业集群,实现大中小企业互利共生、竞合发展的良好发展态势,是促进东北地区经济快速发展的必由之路。

2017年,由中国企业联合会发布的以2016年营业收入为衡量指标的中国企业500强名单中,东北老工业基地共有中国第一汽车集团公司等14家企业入围。东北地区全国企业500强入围名单,2016年如表5-16所示,2003年如表5-17所示。

表5-16　　2016年东北地区全国企业500强入围名单

| 序号 | 排名 | 单位 | 所在地 | 营业收入（万元） |
| --- | --- | --- | --- | --- |
| 1 | 27 | 中国第一汽车集团公司 | 吉林 | 43038158 |
| 2 | 65 | 大商集团有限公司 | 辽宁 | 23525202 |
| 3 | 89 | 大连万达集团股份有限公司 | 辽宁 | 18922100 |
| 4 | 94 | 华晨汽车集团控股有限公司 | 辽宁 | 17273211 |
| 5 | 120 | 鞍钢集团公司 | 辽宁 | 13925490 |
| 6 | 133 | 黑龙江北大荒农垦集团总公司 | 黑龙江 | 12144748 |
| 7 | 188 | 本钢集团有限公司 | 辽宁 | 8005209 |
| 8 | 209 | 中升集团控股有限公司 | 辽宁 | 7159922 |

续表

| 序号 | 排名 | 单位 | 所在地 | 营业收入（万元） |
|---|---|---|---|---|
| 9 | 360 | 嘉晨集团有限公司 | 辽宁 | 3918000 |
| 10 | 361 | 盛京银行股份有限公司 | 辽宁 | 3915974 |
| 11 | 364 | 长春欧亚集团股份有限公司 | 吉林 | 3908359 |
| 12 | 374 | 福佳集团有限公司 | 辽宁 | 3800989 |
| 13 | 393 | 吉林亚泰（集团）股份有限公司 | 吉林 | 3620366 |
| 14 | 425 | 哈尔滨电气集团公司 | 黑龙江 | 3319688 |

资料来源：中国企业联合会。

表5－17　　2003年东北地区全国企业500强入围名单

| 序号 | 排名 | 单位 | 所在地 | 营业收入（万元） |
|---|---|---|---|---|
| 1 | 13 | 中国第一汽车集团公司 | 吉林 | 11917884 |
| 2 | 49 | 鞍山钢铁集团公司 | 辽宁 | 3147476 |
| 3 | 55 | 本溪钢铁（集团）有限责任公司 | 辽宁 | 2948530 |
| 4 | 75 | 华晨汽车集团控股有限公司 | 辽宁 | 2413000 |
| 5 | 85 | 沈阳铁路局 | 辽宁 | 2047471 |
| 6 | 96 | 大连大商集团有限公司 | 辽宁 | 1818260 |
| 7 | 103 | 黑龙江北大荒农垦集团总公司 | 黑龙江 | 1703597 |
| 8 | 115 | 大连西太平洋石油化工有限公司 | 辽宁 | 1585005 |
| 9 | 202 | 哈尔滨飞机工业（集团）有限责任公司 | 黑龙江 | 869269 |
| 10 | 204 | 大连大显集团有限公司 | 辽宁 | 855369 |
| 11 | 239 | 哈药集团有限公司 | 黑龙江 | 727719 |
| 12 | 240 | 吉林粮食集团有限公司 | 吉林 | 727391 |
| 13 | 282 | 大连冰山集团有限公司 | 辽宁 | 608873 |
| 14 | 295 | 哈尔滨电站设备集团公司 | 黑龙江 | 586272 |
| 15 | 300 | 通化钢铁集团有限责任公司 | 吉林 | 576576 |

续表

| 序号 | 排名 | 单位 | 所在地 | 营业收入（万元） |
| --- | --- | --- | --- | --- |
| 16 | 327 | 大连实德集团有限公司 | 辽宁 | 520000 |
| 17 | 329 | 辽宁特殊钢集团有限责任公司 | 辽宁 | 517730 |
| 18 | 347 | 三宝电脑（沈阳）有限公司 | 辽宁 | 502057 |
| 19 | 348 | 大连华农豆业集团股份有限公司 | 辽宁 | 500216 |
| 20 | 353 | 沈阳飞机工业（集团）有限公司 | 辽宁 | 492928 |
| 21 | 391 | 辽宁华锦化工（集团）有限责任公司 | 辽宁 | 419394 |
| 22 | 396 | 铁法煤业（集团）有限责任公司 | 辽宁 | 414961 |
| 23 | 406 | 凌源钢铁集团有限责任公司 | 辽宁 | 404711 |
| 24 | 407 | 哈尔滨东安发动机（集团）有限公司 | 黑龙江 | 404505 |
| 25 | 415 | 沈阳机电装备工业集团有限公司 | 辽宁 | 399053 |
| 26 | 421 | 中国华录集团有限公司 | 辽宁 | 393327 |
| 27 | 434 | 大连东芝电视有限公司 | 辽宁 | 369663 |
| 28 | 438 | 海城市西洋耐火材料有限公司 | 辽宁 | 366781 |
| 29 | 454 | 沈阳和光集团股份有限公司 | 辽宁 | 351407 |
| 30 | 458 | 东北制药集团有限责任公司 | 辽宁 | 349594 |
| 31 | 467 | 大连机床集团公司 | 辽宁 | 341224 |
| 32 | 473 | 鹤岗矿业集团有限责任公司 | 黑龙江 | 334326 |
| 33 | 482 | 黑龙江省农业生产资料公司 | 黑龙江 | 322365 |
| 34 | 489 | 中国吉林森林工业（集团）总公司 | 吉林 | 316561 |

资料来源：中国企业联合会。

3. 发展中小企业集群

依据中小企业集群形成的原因来进行划分，东北中小企业集群大致可以区分为依托大企业型、资源型、自发生成型和园区规划型四类，表5-18反映了东北地区典型的一些中小企业集群发展状况。

表 5-18　　　　　东北地区典型中小企业集群发展状况

| 类型 | 城市 | 产业部门 | 典型产业群 |
| --- | --- | --- | --- |
| 依托大企业型 | 哈尔滨 | 成套设备、汽车、医药 | 发电设备，汽车工业园，医药工业园 |
| | 长春 | 汽车及汽车零部件、医药 | 汽车及零部件产业集群，医药产业集群 |
| | 通化 | 中医药 | 医药产业集群 |
| | 沈阳 | 机械制造、电子信息、医药化工、汽车 | 机床产业集群，电子元器件产业集群，医药化工产业集群，汽车及零部件产业集群 |
| | 大连 | 船舶制造、石化、电子信息产品、装备制造 | 环渤海船舶及配套产业集群，石化产业集群，电子信息产品制造产业集群，重型装备产业集群 |
| | 齐齐哈尔 | 装备制造 | 装备制造产业集群 |
| 资源型 | 大庆 | 原油、石油化工 | 蓝星化工工业园 |
| | 牡丹江 | 木材加工、造纸 | 木业产业集群，造纸产业集群 |
| | 长春 | 农产品加工 | 玉米加工园区 |
| | 吉林 | 石油化工 | 石化工业园区 |
| | 松源 | 石油 | 石油化工园区 |
| | 抚顺 | 石油化工 | 石油化工产业集群 |
| | 丹东 | 矿业 | 宽甸硼矿开采与加工产业集群 |
| | 大石桥 | 矿业开采及加工 | 镁制品产业集群 |
| 自发生成型 | 辽阳 | 皮革 | 佟二堡皮革产业集群 |
| | 沈阳 | 瓷业 | 法库县瓷业集群 |
| | 鞍山 | 服装 | 西柳服装产业集群 |
| 园区规划型 | 大连 | 软件 | 大连软件园 |
| | 丹东 | 环保产业 | 丹东环保产业园 |
| | 长春 | 低碳产业 | 东北低碳产业园 |
| | 哈尔滨 | 印刷 | 哈尔滨印刷园区 |

资料来源：根据相关资料整理。

## （二）存在的主要问题

（1）企业内部激励机制有待完善。当前，东北老工业基地企业中还存在激励不足与激励过度并存、激励方式不合理等问题。国有企业普遍存在着经理层与普通一线员工收入差距过大，对科技骨干人才激励不足等问题。由于对经理人员、科技人才薪酬机制不合理，股权激励不到位，收入分配制度改革相对滞后，在一定程度上导致人才流失，影响企业的长期发展。

（2）企业管理制度较为落后。企业管理制度是对企业管理行为进行的制度安排，包括企业经营目标、经营观念、经营战略、管理组织及各业务职能领域活动的规定。具体而言，企业管理制度包括行政、人事、财务、薪酬、民主管理制度等一切规章制度。目前，东北企业中还存在一定程度的重技术、轻管理的现象，尤其是对于管理制度创新的重视程度还有待提高，人力资本管理制度不够完善、人本管理理念有待强化、管理层级过多、机构设置冗繁、决策制度缺乏科学性和合理性、经营策略有待优化等问题仍十分突出。

（3）企业文化创新有待加强。企业文化创新是企业制度创新的重要组成部分，良好的企业文化对推动企业制度创新和企业的健康、长远发展起着重要的作用。东北老工业基地国有企业由于受计划经济体制影响较深，行政官僚主义等风气仍然盛行，是国有企业改革和现代企业制度建立的重要阻碍；民营企业也普遍存在企业文化建设落后的情况，甚至缺乏诚信等不良文化蔓延的趋势。东北老工业基地企业健康、可持续的发展以及企业发展壮大和竞争力的培育，都需要企业文化的进一步创新，尤其在创新、诚信和具有企业特色的企业文化的创新发展方面还亟待加强。

## 三、主要成因

东北老工业基地企业制度的发展和创新还处于较为落后的水平，企业产权制度、企业组织形式和经营管理制度的创新和完善,对于激发企业活力、提高企业生产经营效率、增强企业市场竞争力具有十分重要的作用,也对东北老工业基地全面振兴具有十分重要的意义。当前,影响东北老工业基地企业制度创新的主要原因有以下几个方面:

(1) 国有企业管理者缺乏创新动力。对于东北老工业基地的国有企业来说,现有的企业管理者大部分具有一定的行政色彩,缺乏有效的激励机制,其管理地位和收入水平不完全取决于企业发展状况,对于企业发展和企业制度创新缺少创新动力。而且,在面对企业产权制多元化、企业组织形式现代化、企业经济管理制度科学化等企业制度创新过程中,企业管理者的决策权、话语权会极大削弱或丧失,会对现有企业管理者造成一定的利益损害。可以说,现有的企业管理者不仅仅是缺乏企业制度创新的动力,甚至会对企业制度创新产生一定的阻碍作用。对于东北老工业基地的民营企业来说,阻碍企业制度创新的原因主要有两个方面:一是现有的企业制度尚能为其带来一定的经济收益,未能使企业所有者产生企业制度创新的动力;二是企业制度创新需要付出一定的创新成本,且企业制度创新的预期收益难以确定,这也极大地削弱了企业制度创新的动力。

(2) 国有企业中的"搭便车"行为阻碍企业制度创新。国有企业的特殊性在于其具有一定的社会功能,对地区的经济发展和吸纳就业具有一定的促进作用,这就难以避免会存在劳动力投入过多、生产效率低下,部分就业人员存在"搭便车"行为,再加上东北老工业基地国有企业的现代企业制度发展落后,激励机制和用人机制不完善,"大锅饭"现象依然存在。随着产权多元化、激励机制和用人机制不断完善的现代企业制度的推进和发展,企业内部部分人员的"搭便车"行为会得到有效抑制,但这也会导致这部分人员对于企业制度创新存在抵触情绪,会采取相应的行为阻碍企业制度的创新。

(3) 对企业制度创新重视和支持不够。东北老工业基地地方政府对国有企业改革的重视程度不够,对国有企业制度创新的政策、资金支持还明显不足。任何一项制度创新都必须付出一定的创新成本,当前,国有企业普遍存在效益较低、不同程度的都会存在一定的发展困境,单纯依靠自身进行制度创新投入，进展必然缓慢甚至无法进行，必须依靠政府的政策支持和资金支持，帮助国有企业尽快完成转制。

## 第二节 市场制度创新

市场制度是指以市场机制作为配置资源决定性手段的经济制度。市场制度创新其含义主要是指从计划经济体制向市场经济体制转变的制度变迁，即提高市场化程度、健全市场体系和完善市场机制。具体来说，主要包括要素市场制度创新和商品市场制度创新两个方面，其中要素市场主要包括劳动力市场、资本市场、土地市场和技术市场等。

### 一、要素市场

#### （一）劳动力市场

随着东北老工业基地市场化改革的不断深入，东北三省劳动力市场也日益完善。以辽宁为例，2016年辽宁已建立了省、市、县上下贯通、职责清晰的市场管理工作体系，实现了人力资源市场的统筹管理。公共就业和人才服务机构整合基本到位，省、市两级因地制宜，设立了综合性服务机构或专门性服务机构。截至2016年底，辽宁拥有各类人力资源服务机构965个，全年共为17.8万家次用人单位提供各类人力资源服务。[①] 就业方面，2016年辽宁从业人员共计2301.2万人，城镇新增就业42.1万人，城镇失业人员再就业60.6万人，城镇登记失业人员47.3万人，城镇登记失业率3.81%；吉林全年城镇新增就业52.87万人，年末城镇登记失业率为3.45%；黑龙江全年城镇新增就业62.9万人，城镇人员失业再就业人员47.4万人，困难群体再就业人员18.7万

---

① 资料来源：2017年度辽宁省劳动和社会保障事业发展统计公报。

人。年末城镇登记失业率为4.22%。

在东北老工业基地劳动力市场制度创新取得了一定程度发展的同时，一系列不尽如人意的问题仍然存在，主要表现在以下三个方面：

1. 劳动力市场分割现象依然存在

东北地区劳动力市场分割主要表现为城乡分割和部门分割两个方面，且突出表现为农村转移劳动力主要通过非正规部门实现就业，在就业准入、就业服务、劳动待遇等方面都无法享受与城市劳动力同等的待遇。农民工难以进入正规就业领域现象依然存在，只能长期在非正规部门工作，没有稳定的经济来源。有些地区还依然存在各种人为设置的农村劳动力流动门槛及乱收费现象，增加了农村劳动力城市就业成本。由于针对农民工的市场信息服务不完善、政策扶持不到位以及法律维权服务滞后，造成农民工就业渠道狭窄，合法权益得不到有力保护。农村转移劳动力无法享有与城镇劳动力相等的劳动待遇，主要体现在工作环境差、同工不同时或同工不同酬等方面。

传统的户籍制度、档案管理制度等构成了各行业、各地区间劳动力转移的高壁垒和高成本，导致统一的劳动力市场难以建立。农村劳动力市场交易更多地表现出自发性，劳动力市场还远未真正形成，致使劳动力在转移过程中支付不必要的交易成本，造成了劳动力资源的极大浪费。这种劳动力市场之间的分割，因为加大了转移和流动成本而阻碍了劳动力的合理流动，使得劳动力市场竞争与流动只能局限在省内、地区内或部门内部，难以实现真正的平等竞争。

2. 整体就业压力巨大与结构性失业并存

经过多年的改革开放与经济建设，东北三省仍然面临较为严峻的就业形势。2015年东北三省城镇登记失业率为：辽宁3.4%、吉林3.5%、黑龙江4.5%，在全国32个参与统计的地区中排名为：辽宁16、吉林22、黑龙江32，就业压力仍然巨大，就业形势严峻。

根据表5-19可以看出，2005~2015年，东北三省中辽宁、吉林两省就业形势有较大改善，失业率整体呈现下降趋势，黑龙江失业率一直居高不下，且2015年黑龙江城镇登记失业率在全国排名垫底，就业形势不容乐观。虽然辽宁、吉林两省的失业率呈现逐步下降趋势，但在全国范围内仍然处于较高水平，就业形势依然十分严峻。

表5-19　　2005~2015年东北三省城镇登记失业率　　单位：%

| 地区 | 2005年 | 2006年 | 2007年 | 2008年 | 2009年 | 2010年 | 2011年 | 2012年 | 2013年 | 2014年 | 2015年 |
| --- | --- | --- | --- | --- | --- | --- | --- | --- | --- | --- | --- |
| 辽宁 | 5.6 | 5.1 | 4.3 | 3.9 | 3.9 | 3.6 | 3.7 | 3.6 | 3.4 | 3.4 | 3.4 |
| 吉林 | 4.2 | 4.2 | 3.9 | 4 | 4 | 3.8 | 3.7 | 3.7 | 3.7 | 3.4 | 3.5 |
| 黑龙江 | 4.4 | 4.4 | 4.3 | 4.2 | 4.3 | 4.3 | 4.1 | 4.2 | 4.4 | 4.5 | 4.5 |
| 全国 | 4.2 | 4.1 | 4 | 4.2 | 4.3 | 4.1 | 4.1 | 4.1 | 4.05 | 4.09 | 4.05 |

资料来源：《中国劳动统计年鉴》（2016）。

由于历史等原因，结构性失业一直是制约东北老工业基地就业的突出问题。结构性失业是指失业与劳动岗位空缺同时存在的状况，其产生原因在于当经济结构发生变动调整时，衰落部门的失业者无法满足扩张部门的工作要求，或因为现有工作岗位与失业者所处地理位置有较大距离。东北三省结构性失业局面没有得到有效缓解，劳动力市场的就业压力正在加大。过去，东北老工业基地建立了众多与石油、化工、煤炭、钢铁等产业相关的高等院校和科研机构，为东北区域建设培养和输送了大量的人才，但这种情况显然已经无法满足现在东北老工业基地振兴的全面要求。目前，高层次农业人才、工程技术人才、技术创新与开发人才、经营管理人才和熟悉国际金融、贸易和法律的人才比较紧缺；从专业构成上看，从事传统产业的多，从事信息服务和边缘学科的人才少，尤其是高技能人才严重不足。另一方面，低素质的劳动力就业状况同样不理想，由于无法满足用人单位日新月异的高要求，导致大部分劳动者选择进入非正规行业就业，或者长时间处于失业状态。

3. 工资水平不高

工资水平即劳动力市场价格的具体体现。由于东北地区经济发展整体水平不高，造成工资水平相对较低，如表5-20所示。

表 5–20　　各地区平均工资水平及最低工资标准　　单位：元

| 地区 | 2015年平均工资 | 2016年月最低工资 |
| --- | --- | --- |
| 北京 | 111390 | 1720 |
| 天津 | 80090 | 1950 |
| 河北 | 50921 | 1480 |
| 山西 | 51803 | 1620 |
| 内蒙古 | 57135 | 1640 |
| 辽宁 | 52332 | 1530 |
| 吉林 | 51558 | 1480 |
| 黑龙江 | 48881 | 1480 |
| 上海 | 109174 | 2190 |
| 江苏 | 66196 | 1770 |
| 浙江 | 66668 | 1860 |
| 安徽 | 55139 | 1520 |
| 福建 | 57628 | 1500 |
| 江西 | 50932 | 1530 |
| 山东 | 57270 | 1710 |
| 河南 | 45403 | 1600 |
| 湖北 | 54367 | 1550 |
| 湖南 | 52357 | 1390 |
| 广东 | 65788 | 1895 |
| 广西 | 52982 | 1400 |
| 海南 | 57600 | 1430 |
| 重庆 | 60543 | 1500 |
| 四川 | 58915 | 1500 |
| 贵州 | 59701 | 1600 |
| 云南 | 52564 | 1570 |
| 西藏 | 97849 | 1400 |
| 陕西 | 54994 | 1480 |

续表

| 地区 | 2015年平均工资 | 2016年月最低工资 |
| --- | --- | --- |
| 甘肃 | 52942 | 1470 |
| 青海 | 61090 | 1270 |
| 宁夏 | 60380 | 1480 |
| 新疆 | 60117 | 1670 |

资料来源：《中国劳动统计年鉴》(2016)、中商情报网（http://www.askci.com）。

根据表 5-20 可以看出，2015 年东北三省平均工资水平为：辽宁 52332 元、吉林 51558 元、黑龙江 48881 元，在全国 31 个地区[①]中排名分别为：辽宁第 25 位、吉林第 27 位、黑龙江第 30 位，平均工资水平在全国范围内处于较低水平。2016 年东北三省最低工资标准分别为：辽宁 1530 元、吉林 1480 元、黑龙江 1480 元，在全国 31 个地区中排名分别为：辽宁第 15 位、吉林与黑龙江并列第 21 位，最低工资标准在全国处于中等偏下水平。造成这一问题的主要原因，一是东北地区经济发展水平所致；二是东北地区城镇人员（尤其是公务员）工资水平低于全国平均水平；三是与东北地区劳动力市场发育、议价能力等有关。

### （二）资本市场

资本市场通常是指一年以上的中长期投资的交易市场，由于它的信用工具是股票、债券等有价证券，因此又称为证券市场。近几年，随着经济不断发展，东北三省的资本市场得到不断拓展，但是，与东部沿海地区相比，以及同经济发展的要求相比，目前东北三省资本市场仍处于相对滞后状态，主要表现在以下几个方面。

1. 金融机构和金融工具的种类和数量有限

经过不断的发展，东北地区现已形成了以国有商业银行为主导，股份制商业银行、城市商业银行、城市信用社、农村信用社和外资银行共同发展的多层次、多种所有制并存的银行业体系。但由于历史和现实因

---

① 香港、澳门、台湾地区除外。

素的原因，东北地区银行业仍然保持着以国有四大商业银行为主导的寡头垄断结构特点，银行业的市场竞争程度依然较低，从而导致金融风险大量集中于国有商业银行，严重影响了国有商业银行的商业化改造进程。东北地区的证券公司、保险公司、信托投资公司和金融租赁公司等非银行类金融机构发展较为滞后。东北地区的金融工具还主要是以流通中的现金、存款、贷款及结算凭证等为主，商业票据、股票、债券等金融工具所占份额非常小，极大地削弱了金融在促进东北地区经济发展中的重要作用。

2. 上市公司数量少、股本规模小

以股票市场为例，主要表现在：一是上市公司数量较少。2015年末，东北地区境内上市公司共有151家，占全国上市公司的5.3%，其中辽宁上市公司76家，全国排名第12位；吉林上市公司40家，排名第19位；黑龙江上市公司35家，排名第22位。从全国排名看，东北三省的上市公司数量居于中间，但是与长江三角洲地区（887家）、珠江三角洲地区（424家）和环京津地区（360家）相比，上市公司的数量差距很大；二是股本规模较小。2015年，东北三省的股本规模同样处在中间水平：辽宁为9427.2亿元，排名第12位；吉林为4948.6亿元，排名第22位；黑龙江4910.7亿元，排名第23位；三是占深沪两市比重偏低。2015年末，东北三省上市公司市值占沪深两市总市值的比例仅为3.6%。① 可见，东北地区的上市公司数量和规模与东北地区作为全国工业基地的重要地位显然是不相称的。

3. 企业融资能力较低

2015年，辽宁社会融资规模增量为6194亿元，排名全国第7位；吉林社会融资规模增量为2710亿元，排名全国第23位；黑龙江社会融资规模增量为2037亿元，排名全国第24位。虽然辽宁社会融资规模增量排名全国第7位，但与排名第1位的北京15369亿元、广东14443亿元、江苏11394亿元等地区差距仍然较大。2015年，非金融企业境内股票融资方面，辽宁为244亿元，排名全国第10位；吉林为98亿元，

---

① 资料来源：《中国金融年鉴》（2016）。

排名全国第19位；黑龙江为80亿元，排名全国第22位。东北三省非金融企业境内股票融资总和，也仅为排名第1位的北京的35.46%，东北三省企业融资能力仍然处于较低水平。①

4. 行业分布单一、企业效益较差

随着改革开放及东北老工业基地全面振兴等政策影响，东北老工业基地已经取得了重要的进步和发展，经济结构也由单一的重工业逐步得到改善。但由于历史等因素的影响，东北老工业基地制造业"一股独大"的局面仍然存在，上市公司中制造业仍然占据着"半壁江山"。不仅如此，东北老工业基地企业的经济效益也并不理想，甚至亏损企业仍然占据着一定的比重。仅以全国500强企业为例，2015年东北老工业基地共有全国500强企业14家，其中利润为负的就有3家，分别是鞍钢集团公司，利润为-678062万元、黑龙江北大荒农垦集团公司，利润为-87920万元、本钢集团有限公司，利润为-9442亿元，企业经济效益不容乐观。②

### （三）土地市场

根据我国土地所有制特点，我国土地市场主要包括使用权出让市场和转让市场。现阶段我国城市土地市场和农村土地市场是彼此相分离的，其中城市土地市场又分一级市场和二级市场。土地使用权出让市场为一级市场，由国家垄断，可供出让的土地包括城镇原有闲置土地、被国家征用的原属集体所有的土地和传统体制下已经划拨给某些单位的土地。土地使用权的出让方式有"零租制"和"批租制"两种。"零租制"是对出让的土地按不同等级逐年收取不同水平的土地使用费；"批租制"是有限期的出让土地使用权，一次性的收取地价款，并每年收取不多的使用金。二级市场是土地使用权转让市场，农村集体所有的土地只有在被征用为国有土地之后，才能进入二级市场。在二级市场上，土地使用权的转让有租赁、抵押等不同具体形式。

---

① 资料来源：《中国金融年鉴》（2016）。
② 财富中文网，http://www.fortunechina.com/fortune500/node_4302.htm。

从国有建设用地供应情况来看，2014年东北三省国有建设用地供应共计13187宗，总面积为46674.02公顷，比2013年减少18520公顷，下降28.41%。其中辽宁4511宗，总面积为18825.36公顷，减少16743.54公顷，下降47.07%；吉林4715宗，总面积为17539.2公顷，增加8280.72公顷，上升89.44%；黑龙江3961宗，总面积为10309.46公顷，减少10057.18公顷，下降49.38%。从土地供应结构来看，2014年东北三省工矿仓储用地面积为12886.69公顷，比2013年减少5898.85公顷，下降31.4%，商服用地面积为3709.58公顷，比2013年减少了2001.79公顷，下降35.05%，住宅用地面积为7856.61公顷，比2013年减少了4727公顷，下降37.56%，其他用地面积为22221.15公顷，比2013年减少了5892.33公顷，下降20.96%。[①]

东北老工业基地土地市场制度创新存在的问题主要有：

(1) 城市土地市场地产开发用地比重过高。地产开发用地比重过高的问题，已经逐渐成为影响城市土地市场发展的核心问题之一。尤其是近些年，随着城市中心区的土地开发已基本完成，地产开发主要向城市周边地区集中，并且在开发城市周边地区时，农用耕地被占用的情况普遍存在。虽然这种将土地资源变成土地资本的行为，能够为地区的发展提供急需的资金支持，但与此同时，却导致了大量耕地资源的减少，并且在地产开发过程中，开发商倒卖土地等暗箱操作和土地拆迁过程中的拆迁纠纷问题依然大量存在。由于大量投资集中于城市房地产，造成供大于求，沈阳城市人口有830万，商业地产逾1000万平方米，人均1.2平方米，超过北上广，也高于世界发达国家（人均1平方米）的平均水平，铁岭、抚顺、营口等新城变成"睡城""鬼城"。

(2) 农村土地流转市场不健全。近年来，东北三省农村土地流转现象逐年增加，然而由于农村土地市场发育不完善，相关的配套条件不完备，与全国其他先进省份相比，东北三省在土地流转规模、速度、方式等方面仍然存在较大差距。东北三省在农村土地流转过程中，土地流转规模

---

① 资料来源：《中国国土资源统计年鉴》（2016）。

小流转对象单一、农民权益保障、土地流转服务不到位等现象依然存在。

（3）土地征用制度不完善。一是农用地无序征用现象日趋严重。特别是一些开发区征用土地闲置荒芜比例仍然很高，标准化厂房空置率较高；二是失地农民利益保障机制不健全。部分失地农民不得不面对"种田无地、就业无岗、社保无份"的尴尬局面；三是征地工作实施困难。一方面在开发建设过程中大量土地被征用，从而导致大量农用地无序流转和土地资源闲置浪费等问题并存；另一方面，"征地难"问题日益显现，由于大部分地区有限的土地资源已经基本被完全利用，因此，必要的经济建设急需用地短期内难以获得，从而导致征地工作已经上升为地方政府不得不面对的一项重要工作。

（四）技术市场

广义的技术市场是指将技术成果作为商品交易对象，并使之变为直接生产力的交换关系和供求关系的总和，它包括从技术商品的开发到技术商品的流通和应用的全过程。技术市场是科技成果转化的主要渠道，它在科技资源的供求双方之间发挥着桥梁和纽带的作用。东北地区的技术市场产生于20世纪80年代初，经过多年的发展，东北技术市场的整体规模和水平都有了较大提高。

通过表5-21至表5-24可以看出，我国技术市场的发展无论是规模还是水平都呈现出逐年提高的趋势，东北老工业基地虽然技术市场自建立以来已经取得了较大发展，但近年来除了技术输出合同总金额逐年提高之外，技术输出合同总数、技术输入合同总数及技术输入合同总金额等指标均呈现逐年下降趋势。

表5-21　　　　　技术市场技术输出地域合同数　　　　　单位：项

| 地区 | 2005年 | 2011年 | 2012年 | 2013年 | 2014年 | 2015年 |
| --- | --- | --- | --- | --- | --- | --- |
| 辽宁 | 13826 | 16796 | 14676 | 12819 | 11173 | 11878 |
| 吉林 | 3879 | 3072 | 2730 | 3252 | 2891 | 2420 |
| 黑龙江 | 2041 | 1918 | 2788 | 2578 | 2131 | 1857 |

续表

| 地区 | 2005年 | 2011年 | 2012年 | 2013年 | 2014年 | 2015年 |
| --- | --- | --- | --- | --- | --- | --- |
| 东北三省 | 19746 | 21786 | 20194 | 18649 | 16195 | 16155 |
| 全国 | 265010 | 256428 | 282242 | 294929 | 297037 | 307132 |

资料来源：《中国科技统计年鉴》(2016)。

表 5-22　　技术市场技术输出地域合同金额　　单位：万元

| 地区 | 2005年 | 2011年 | 2012年 | 2013年 | 2014年 | 2015年 |
| --- | --- | --- | --- | --- | --- | --- |
| 辽宁 | 865167 | 1596633 | 2306648 | 1733775 | 2174648 | 2674927 |
| 吉林 | 122261 | 262614 | 251180 | 347167 | 285756 | 264697 |
| 黑龙江 | 142585 | 620682 | 1004473 | 1017747 | 1202776 | 1272637 |
| 东北三省 | 1130013 | 2479929 | 3562301 | 3098689 | 3663180 | 4212261 |
| 全国 | 15513694 | 47635589 | 64370683 | 74691254 | 85771790 | 98357896 |

资料来源：《中国科技统计年鉴》(2016)。

表 5-23　　技术市场技术流向地域合同数　　单位：项

| 地区 | 2005年 | 2011年 | 2012年 | 2013年 | 2014年 | 2015年 |
| --- | --- | --- | --- | --- | --- | --- |
| 辽宁 | 12677 | 14573 | 13769 | 12446 | 11377 | 10883 |
| 吉林 | 3655 | 3200 | 3226 | 3473 | 3537 | 3446 |
| 黑龙江 | 3315 | 2985 | 3610 | 3715 | 3312 | 3161 |
| 东北三省 | 19647 | 20758 | 20605 | 19634 | 18226 | 17490 |
| 全国 | 265010 | 256428 | 282242 | 294929 | 297037 | 307132 |

资料来源：《中国科技统计年鉴》(2016)。

表 5-24　　东北三省技术市场技术流向地域合同金额　　单位：万元

| 地区 | 2005年 | 2011年 | 2012年 | 2013年 | 2014年 | 2015年 |
| --- | --- | --- | --- | --- | --- | --- |
| 辽宁 | 855864 | 3966798 | 3978888 | 2482137 | 2504925 | 2312705 |
| 吉林 | 134995 | 337303 | 462966 | 469842 | 507987 | 545214 |

续表

| 地区 | 2005年 | 2011年 | 2012年 | 2013年 | 2014年 | 2015年 |
| --- | --- | --- | --- | --- | --- | --- |
| 黑龙江 | 153920 | 644749 | 735468 | 840683 | 1085741 | 1076757 |
| 东北三省 | 1144779 | 4948850 | 5177322 | 3792662 | 4098653 | 3934676 |
| 全国 | 15513694 | 47635589 | 64370683 | 74691254 | 85771790 | 98357896 |

资料来源：《中国科技统计年鉴》（2016）。

东北技术市场制度创新存在的主要问题：

（1）技术交易的市场化水平不高。技术商品有别于一般物质商品，技术市场是这种特殊商品供求关系的总和，是科技成果从科研领域转移到生产领域，并在生产领域发挥作用，转化为直接生产力的广泛、复杂、深入的过程。从供给方面来看，东北地区科技成果主要由相关科研院所和高等学校进行提供，由于受到传统科研体制的影响，部分科技成果与企业实际需要脱节，实验型和技术型的成果较多，生产型和市场型的成果较少。虽然每年都有大量科技成果问世，但是真正能够转化为商品的较少，专利利用率低下。即使在已经转让的科技成果中，真正能够明显改善经济质量、形成规模经济效益的成果也仅占已转让成果的很少一部分。从需求方面来看，东北老工业基地的经济结构决定了国有企业是各项科技成果需求的主要组成部分，对科技成果的需求比重较高。但由于国有企业科技创新动力不足，缺乏相应的激励机制，且许多企业以自我研发为主，因此通过技术市场引进科学技术的企业很少。从供求平衡的角度看，由于东北地区本身对技术商品的需求不足，对本地科研机构和科研成果没有充分利用，造成东北许多科研机构（包括中科院等大院大所）远走他乡，科技成果"墙里开花墙外红"、科研人员"孔雀东南飞"。

（2）技术中介机构尚不成熟。技术中介机构是以科技成果在实践中的转化和应用为主要工作内容，将科学技术作为商品，在科技成果的供给方和需求方之间发挥桥梁和纽带作用，从而推动了科技成果研发和转化，其通过开展技术扩散、信息交流、成果转化、科技鉴定、技术评估、创新资源配置、创新决策和管理咨询等为社会提供专业化服务。在科技成果的研发和转化过程中，作为科技成果产出主体的高校和科研机构，在其产出的科技成果推向市场方面，缺乏相应的能力和专业化程度，而企业作为科技成果的需求主体，往往缺乏其所需科技成果产出的相关信息，难以获得或及时获得相应的科技成果，在科技成果的转化过程中还存在大量信息不对称的情况，影响了科技成果的配置效率，技术中介机构的成熟和完善，可以极大地改善科技成果配置低效率的情况。

当前，东北老工业基地的技术中介组织的发展水平尚处于初级阶段，大部分技术中介组织从建立到实际运作，仍然带有浓厚的政府色彩，难以实现真正的市场化运作，服务意识不强、服务水平不高等问题依然广泛存在。主要问题表现在：一是从业人员的素质较低。在技术中介机构中，从业人员主要以技术人员为主体，在技术专业知识方面虽然具有一定的优势，但在科学技术作为商品的前提下，必要的市场经济相关知识和商品的市场运作能力方面还存在极大的欠缺。二是设备和技术严重不足。目前，东北地区的技术中介机构基础设施还不完善，只有较少的机构建立起了专门的数据库和专业网站。三是国际化机制尚不完善。当前，东北地区的技术中介机构主要面向的还是国内市场，对国际惯例并不熟悉，缺乏国际交流经验，类似上海国际企业孵化器（IBI）等具有国际化水准的大型中介机构严重缺乏。

## 二、商品市场

（一）发展现状

（1）商品市场主体数不断增加。近年来，东北三省以大中型综合商场（店）、专业店、社区商业（便利店）、连锁店、农家店构成的批发零售业和餐饮住宿业为市场经营主体的商贸服务业不断发展，市场主体总体数量逐年增加。

通过表5-25可以看出，2009~2015年，东北三省批发和零售业企业单位数总体呈现逐年上升趋势。2015年东北三省批发和零售业企业单位总数为9667个，比2009年增加了3589个，上升了37.13%。其中辽宁批发和零售业企业单位总数为6020个，比2009年增加了2063个，上升了34.27%，吉林批发和零售业企业单位总数为1714个，比2009年增加了869个，上升了50.70%，黑龙江批发和零售业企业总数为1933个，比2009年增加了657个，上升了33.99%。

表5-25　　　　东北三省批发和零售业企业单位数　　　　单位：个

| 地区 | 类别 | 2009年 | 2010年 | 2011年 | 2012年 | 2013年 | 2014年 | 2015年 |
| --- | --- | --- | --- | --- | --- | --- | --- | --- |
| 辽宁 | 批发业法人企业单位数 | 2058 | 2352 | 2897 | 3321 | 3498 | 3376 | 2970 |
| | 零售业法人企业单位数 | 1899 | 2433 | 2625 | 2955 | 3290 | 3315 | 3050 |
| 吉林 | 批发业法人企业单位数 | 293 | 346 | 385 | 439 | 427 | 437 | 523 |
| | 零售业法人企业单位数 | 552 | 778 | 850 | 907 | 925 | 991 | 1191 |
| 黑龙江 | 批发业法人企业单位数 | 737 | 683 | 716 | 813 | 842 | 825 | 737 |
| | 零售业法人企业单位数 | 539 | 864 | 937 | 1126 | 1195 | 1234 | 1196 |

资料来源：国家统计局国家数据网站（http://data.stats.gov.cn）。

（2）商品市场营销规模日益增大。在东北老工业基地商品市场主体总体数量逐年增加的同时，商品市场营销规模也日益增大。

通过表5-26可以看出，2006~2015年，东北三省社会消费品零售总额逐年增长，呈现较快的上升趋势。2015年东北三省社会消费品零售总额达到了27079.3亿元，比2014年增加了2126.1亿元，增长了7.85%。其中辽宁12773.8亿元，比2014年增加了980.7亿元，增长了8.3%；吉林6646.5亿元，比2014年增加了565.6亿元，增长了9.3%；黑龙江7640.2亿元，比2014年增加了624.9亿元，增长了8.91%。

表 5-26　　　　　东北三省社会消费品零售总额　　　　　单位：亿元

| 地区 | 2006年 | 2007年 | 2008年 | 2009年 | 2010年 | 2011年 | 2012年 | 2013年 | 2014年 | 2015年 |
| --- | --- | --- | --- | --- | --- | --- | --- | --- | --- | --- |
| 辽宁 | 3434.6 | 4030.1 | 4917.5 | 5812.6 | 6809.6 | 8003.6 | 9256.6 | 10524.4 | 11793.1 | 12773.8 |
| 吉林 | 1675.8 | 1999.2 | 2484.3 | 2957.3 | 3504.9 | 4119.8 | 4772.9 | 5426.4 | 6080.9 | 6646.5 |
| 黑龙江 | 2029.0 | 2386.2 | 2928.3 | 3401.8 | 4039.2 | 4750.1 | 5491 | 6251.2 | 7015.3 | 7640.2 |

资料来源：《辽宁统计年鉴》（2016）、《吉林统计年鉴》（2016）、《黑龙江统计年鉴》（2016）。

按消费形态统计，2015年辽宁商品零售额为11272.9亿元，增长了7.5%；餐饮收入额为1500.9亿元，增长了9.8%；吉林商品零售额为5891.29亿元，增长了9.0%；餐饮收入额为755.16亿元，增长了11.4%；黑龙江批发零售额为6728.1亿元，增长了8.4%，住宿和餐饮收入额为900.7亿元，增长了11.3%。按城乡统计，2015年辽宁城镇零售额11575.2亿元，比上年增长7.2%；乡村零售额1198.6亿元，比上年增长13.4%；吉林城镇消费品零售额5870.17亿元，比上年增长9.0%；乡村消费品零售额776.29亿元，比上年增长11.6%；黑龙江城镇消费品零售额6685.9亿元，比上年增长8.7%，乡村消费品零售额954.3亿元，比上年增长10.1%。[1]

(3) 商品消费水平逐年提高。2015年，辽宁城镇居民人均消费支出21556.72元，比2014年增长了5.05%，农村居民人均消费支出8872.8元，比2014年增长了13.74%；吉林居民人均消费水平为14630元，比2014年增长了7.08%，其中城镇居民人均消费水平为19358元，比2014年增长了4.36%，农村居民人均消费水平为8837元，比2014年增长了13.15%；黑龙江居民人均消费支出13403元，比2014年增长了4.97%，其中城镇常住居民人均消费支出17152元，比2014年增长了4.16%，农村常住居民人均消费支出8391元，比2014年增长了7.16%。[2]

(4) 商品期货市场影响力日益提高。商品流通不仅包括现货交易，

---

[1][2] 资料来源：《辽宁统计年鉴》（2016）、《吉林统计年鉴》（2016）《黑龙江统计年鉴》（2016）。

还包括期货交易。东北期货市场主要有大连商品交易所和与其相伴发展起来的期货行业。大连商品交易所成立于1993年2月28日,是经国务院批准的四家期货交易所之一,也是中国东北地区唯一一家期货交易所。经中国证监会批准,目前已上市的品种有玉米、玉米淀粉、黄大豆1号、黄大豆2号、豆粕、豆油、棕榈油、鸡蛋、纤维板、胶合板、线型低密度聚乙烯、聚氯乙烯、聚丙烯、焦炭、焦煤、铁矿石共计16个期货品种,并推出了棕榈油、豆粕、豆油、黄大豆1号、黄大豆2号、焦炭、焦煤和铁矿石等8个期货品种的夜盘交易。2017年3月31日,大商所上市了豆粕期权,同时推出了豆粕期权的夜盘交易。成立20多年来,大商所规范运营、稳步发展,已经成为我国重要的期货交易中心。截至2016年末,拥有会员单位166家,指定交割库247个,投资者开户数273.70万个,其中法人客户8.21万个;2016年,大商所年成交量和成交额分别达到15.37亿手和61.41万亿元。根据美国期货业协会(FIA)公布的全球主要衍生品交易所成交量排名,2016年大商所在全球排在第8位。目前,大商所是全球最大的油脂、塑料、煤炭、铁矿石和农产品期货市场。①

## (二) 存在的主要问题

(1)城乡商品市场中行业垄断现象仍然存在。近年来,东北老工业基地虽然出台了很多相关政策法规,推动了城乡商品市场的不断完善,但由于受计划经济体制影响较深,国有经济比重较高,国有企业市场份额较大,政府参与企业经营现象时有发生,导致商品市场中部分行业仍然存在行业垄断现象。由于垄断行业缺乏有效的市场竞争,使其缺乏行业创新、发展和追求高服务质量的动力,导致垄断行业时常表现出服务价格高、服务态度差、工作效率低下等问题。

(2)城乡二元市场建设水平差距明显,农产品市场流通体系不够健全。一是乡镇商品市场建设普遍落后于中心城市。在大中城市新型业态快速发展的情况下,相当比重的乡镇商业设施仍停留在计划经济年代,仍然采用

---

① 大连商品交易所(http://www.dce.com.cn)。

过去的传统经营方式,其网点数量、经营规模和服务功能仍然停留在计划经济时代。二是农产品流通体系尚不健全。目前,东北地区仍然缺乏具有交易量大、知名度高、辐射面积广等特点的专业农产品批发市场,小集贸市场依然是大部分地区农产品销售的主要渠道,从而造成较高的农产品流通成本,难以促进地区内乃至全国范围内农产品的有效流通,也不能够对外地客商和企业产生有力的吸引力,难以满足经营者的服务要求。

(3) 生产资料市场布局不合理,交易方式落后。一是缺乏科学规划和有效协调,市场布局存在着一定的盲目性。主要表现在:盲目追求市场规模,没有科学地从地区条件和经济发展水平的实际出发,强行建设大规模市场,导致有场无市;另外,重复建设情况严重,缺乏统筹协调,争办市场,出现功能相近、过于集中等一系列问题,造成资源的严重浪费。二是交易方式落后。一些市场仍采用集市贸易式的摊位式交易方式,缺乏发展现代商品流通意识。管理水平粗放、服务功能较少等弊端仍然存在,已经与客户在仓储、运输、加工、配送、信息传递等方面全过程服务的要求严重不符。此外,生产资料的交易没有充分利用电子商务等新型营销的方式,没有广泛拓展高效快捷的网上交易平台,使得生产资料的交易仍处于落后水平。

(三) 主要成因

东北老工业基地由于受计划经济体制影响较深,虽然经过市场化改革,但市场化程度依然不高,市场制度创新缓慢,这对充分发挥市场资源配置功能、激发东北老工业基地市场活力,带动东北老工业基地快速发展具有较大影响。导致东北老工业基地市场制度创新问题的主要原因有以下几个方面:

(1) 行业垄断根深蒂固。东北老工业基地受计划经济体制影响较深,国有经济比重较高,国有经济在很多行业中处于垄断地位,在生产资料市场和商品市场的定价方面都处于垄断地位,资源配置效率极为低下,且由于国有企业中政企不分、权责不明的情况依然存在,政府不但是规则的制定者也是生产经营的参与者,再加上市场对于垄断的监管缺失,这就导致行业垄断根深蒂固,难以改变,虽然已经出台了推进市场制度创新的政策措施,在竞争性行业中鼓励非国有资本进入,但目前仍然存在进入门槛过高等问题,市场化改革依然缓慢。

(2) 非公有制经济发展水平不高。东北老工业基地的非公有制经济发展水平还较为滞后,大型企业集团屈指可数,这对东北老工业基地推进市场化改革产生了不利影响。非公有制经济的发展壮大,对于打破国有经济在竞争性领域的垄断地位具有十分重要的意义,国有经济在竞争性领域的地位不断减弱甚至退出的前提,应当是有非公有制经济充分发挥作用进行补位,当前非公有制经济尚未形成对东北老工业基地经济发展起到有力的支撑作用,这也是东北老工业基地市场制度创新缓慢的重要原因之一。

(3) 城乡发展不协调不平衡。城乡发展不协调不平衡是造成城乡要素市场和商品市场发展不均衡的重要原因。由于历史等原因,东北老工业基地的经济结构是以重化工业发展为主体,这就导致了城市和工业发展水平远远高于农村和农业发展水平。虽然经过结构性调整和农业现代化的不断推进,东北老工业基地城乡差距逐渐缩小,但农村的基础设施建设还远远落后于城市,要素市场和商品市场的发展也较为滞后,城乡市场一体化建设还亟待推进。

(4) 市场主体的保护制度不健全。市场主体的保护制度不健全,也是东北老工业基地市场制度创新缓慢的主要原因之一。市场主体的合法权益能否得到有力保障,对于市场主体的参与度和积极性都有十分重要的影响,当前东北老工业基地在市场主体的保护制度建设方面还有一定的缺失,这对于非公有经济市场主体进入生产、投资、营销等环节参与市场竞争产生一定的负面影响,亟待通过建立健全相关法律法规予以解决。

## 三、市场中介组织

### (一) 发展现状

市场中介组织一般是指那些介于政府与企业之间、商品生产者与经营者之间、个人与单位之间，为市场主体提供信息咨询、培训、经纪、法律等各种服务，并且在各类市场主体，包括企业之间、政府与企业、个人与单位、国内与国外企业之间从事协调、评价、评估、检验、仲裁等活动的机构或组织。市场中介组织是介于政府与市场之间的"第三方"，发展市场中介组织有利于分化社会管理，延伸政府服务，增强社会自律，完善市场体制。

我国市场中介组织一般可分为四类：一是具有法律性质的服务监督机构，包括：会计师事务所、审计事务所、律师事务所、公证处、仲裁机构、计量和质量检验认证机构等；二是为交易双方提供各种服务的机构，包括：证券交易所、期货交易所、资产评估中心、技术成果交流中心、信誉评估中心、商务信息咨询机构等；三是自律管理和服务机构，包括：各种行业协会、商会、消费者协会等；四是传递经济信息的新闻媒介机构，包括：电影、电视、广播、报纸、杂志等。

随着改革开放的不断深化，市场经济体制进一步完善，尤其是东北老工业基地全面振兴战略的进一步推进，东北三省市场中介组织得到快速发展，市场中介组织的职能得以充分发挥，并且其在东北三省经济发展中的重要作用也逐渐显现出来。但从全国范围来看，东北三省的市场中介组织发展还显得较为迟缓，尤其是与发达地区的差距还十分明显，有待进一步培育和发展。

以建筑业中的建设工程监理企业相关指标为例，2015年东北三省共有建设工程监理企业723个，比2006年增加了87个，增长了13.68%，共有从业人员66372人，比2006年增加了29062人，增长了77.89%。其中辽宁共有建设工程监理企业307个，比2006年增加了1个，从业人员为24180人，比2006年增加了7374人；吉林共有建设工程监理企业188个，比2006年增加了25个，从业人员为17437人，比2006年增加了8527人；黑龙江共有建设工程监理企业228个，比2006年增加了61个，从业人员为24755人，比2006年增加了13161人，如表5-27所示。近10年来，无论从建设工程监理企业的企业数量还是从业人数上看，东北三省整体上均呈现上升趋势。

表5-27　　2006~2015年东北三省建设工程监理企业基本情况　　单位：个

| 地区 | 类别 | 2006年 | 2007年 | 2008年 | 2009年 | 2010年 | 2011年 | 2012年 | 2013年 | 2014年 | 2015年 |
|---|---|---|---|---|---|---|---|---|---|---|---|
| 辽宁 | 建设工程监理企业单位数 | 306 | 302 | 291 | 276 | 291 | 293 | 294 | 303 | 307 | 307 |
| | 建设工程监理企业从业人数 | 16806 | 17762 | 18596 | 18739 | 22021 | 25886 | 26801 | 28296 | 27632 | 24180 |
| 吉林 | 建设工程监理企业单位数 | 163 | 165 | 158 | 142 | 174 | 186 | 189 | 181 | 195 | 188 |
| | 建设工程监理企业从业人数 | 8910 | 9874 | 10442 | 11231 | 13373 | 15386 | 16682 | 16789 | 18210 | 17437 |
| 黑龙江 | 建设工程监理企业单位数 | 167 | 182 | 176 | 121 | 199 | 230 | 230 | 232 | 241 | 228 |
| | 建设工程监理企业从业人数 | 11594 | 11508 | 13202 | 11181 | 16644 | 22603 | 25384 | 25757 | 26370 | 24755 |

资料来源：《中国统计年鉴》(2016)。

（二）存在的主要问题

1. 数量少、规模小且分布不均衡

当前，市场中介组织在我国的发展相比我国市场经济发展水平来看，还较为落后，市场中介组织数量较少、规模较小、分布不均衡是全国各地区普遍存在的问题。东北三省市场中介组织的发展在全国范围内仅仅处于中等水平，其整体数量少、规模小的问题就更加突出。仍以建筑业中的建设工程监理企业相关指标为例，2015年辽宁建设工程监理企业及从业人员数量，分别在全国排名第9位和第17位，吉林分别在全国排名第17位和第20位，黑龙江在全国排名第16位。东北三省与排名第1位的江苏企业数705个、从业人数78356人相比还有较大差距，且东北三省建设工程监理企业的平均从业人员数为91.8人，相比江苏的 111.1 人差距也是显而易见的。①

东北三省市场中介组织不仅数量少、规模小，其分布不均衡也是比较突出的问题之一。市场中介组织的发展缺乏整体规划和明确目标，政府也未能及时有效的进行调控和引导，造成市场中介组织发展盲目、无序、分布不均衡。具体表现在热门行业的市场中介组织较多、普通行业或急需发展行业的市场中介组织较少；低层次的中介组织较多、高层次的技术资本类中介组织较少；小型作坊式的中介组织较多、大型的市场占有率高的社会化中介组织较少、政府举办的多、民办的少等问题一直存在。

2. 独立性较差，行政依附性强

市场中介组织的自身性质决定了其应是介于政府与市场之间的"第三方组织"，应具有独立的地位，能够独立运行并行使其职能。以为政府与企业、商品生产者与经营者、个人与单位服务为宗旨。但由于政府各部门利益驱动等因素，东北老工业基地市场中介组织官办色彩依然过于浓厚，定位较为模糊，政府指定中介组织现象较为普遍，许多市场中介组织虽然在形式上已经与政府系统相分离，实际上仍然依附于政府有关部门。在从事业务活动时，并不按照市场规律凭借服务质量公平竞争，而是利用行政权威，甚至有些行业市场中介形成了市场垄断。

3. 管理体制尚不完善

当前，对市场中介组织还缺少统一规划、协调和管理的相关制度，政府部门和社会团体各自为政、自成体系、互不兼容。而且由于很多市场中介组织与政府行政机构还存在着一定的依附关系，甚至有些政府部门直接管理中介组织的人、财、物，其独立性和自主性受到了严重的限制，市场中介组织自身应有的作用难以有效发挥。

4. 行为不规范、人员素质不高

当前，东北老工业基地市场中介组织服务质量普遍较低、公信力普遍不高。由于大多数市场中介组织的规模较小，获取信息渠道有限，因此在提供中介服务时，往往出现提供信息不及时等现象，给被服务单位

---

① 资料来源：《中国统计年鉴》（2016）。

或个人造成一定损失的事情时有发生。另外，由于当前对市场中介组织的监管不力，市场中介组织非法执业、无照经营、乱收费、欺诈等现象也屡见报端。

市场中介组织人员素质不高现象也普遍存在。市场中介组织的从业人员绝大部分都需要具备较高水平的专业知识，需要精通专业业务及通晓相关行业法律法规，需要高素质的专业人才。但当前东北老工业基地许多市场中介组织人员尚未经过专业化培训，人员素质水平不高，急需专业人才。

## 第三节 地方政府制度创新

政府作为制度的主要供给方，在制度创新中处于核心地位。东北老工业基地地方政府的制度创新能力，直接关系着全面振兴东北老工业基地战略能否顺利实现。增强东北老工业基地地方政府的制度创新能力，推动地方政府制度创新，对东北老工业基地全面振兴具有重要的现实意义。

### 一、现状及问题

#### （一）地方政府制度创新的现状

改革开放以来，尤其是国家实施东北老工业基地全面振兴重大战略以来，东北老工业基地各级地方政府按照《中共中央、国务院关于实施东北地区等老工业基地振兴战略的若干意见》(2003)、《国务院关于近期支持东北振兴若干重大政策举措的意见》(2014)、《中共中央、国务院关于全面振兴东北地区等老工业基地的若干意见》(2016)等重要文件要求和部署，不断推进地方政府制度创新，并取得阶段性重要成果。

1. 深化"放管服"改革

东北老工业基地地方政府切实转变政府职能，进一步理顺了政府和市场之间的关系,在解决政府直接配置资源、管得过多过细以及职能错位、越位、缺位、不到位等问题方面取得一定进展。

(1) 行政权进一步下放。2016年,辽宁共取消下放省级职权356项,并在各地级市设立行政审批(服务)局,实现了行政审核批准权限的集中,有效提升了行政审批效率,积极推行商事制度改革,实施企业"五证合一、一照一码"、个体工商户"两证整合"登记制度,激发了创业活力。吉林也相继出台《推进简政放权放管结合优化服务改革重点目标任务》等政策文件,深化行政审批改革,加大放权力度,进一步明确取消相应行政审批事项,对确需保留的审批事项,建立通用名录,规范全省市县所保留的行政审批权数量、名称及设定依据等,并统一审批标准,简化审批手续。其中,长春市将简政放权列为市长工程,自2014年以来先后6次集中集中减权放权,累计取消和下放了行政审批事项596项,市级非行政许可审批实现零审批,取消、免征及降低收费标准40项,为企业减轻负担11172万元。黑龙江共取消下放省级职权192项,累计达到816项,行政审批事项减少到407项,权力清单进一步调整到3030项,精简了69.9%,非行政审批全部取消。①

(2) 管理职能进一步转变。2016年,辽宁大力推进国有企业体制机制改革,吸纳各类资本569亿元,省属国有企业资产负债率下降2.3个百分点,"三项费用"缩减了5.1%,"两金"占用降低了22%,上缴国有资本收益15亿元。深化投融资体制改革,推出了政府和社会资本合作(PPP)项目106个,吸纳民营资本294亿元。认真开展"三去一降一补"工作推进结构调整,去除煤炭产能1361万吨、钢铁产能602万吨,去除商品房库存10.4%,去除企业杠杆,新设投资基金、管理机构40家和新三板企业92户,实现资本市场直接融资2556亿元,降低结构性税费和实行普遍性降费政策,减少税费850亿多元,并安排

---

① 资料来源:《辽宁省政府工作报告》(2016)、《吉林省政府工作报告》(2016)《黑龙江省政府工作报告》(2016)。

6亿元扶贫资金加大力度补短板。大力扶持沈阳机器人、智能机床、鞍山激光产业园、盘锦辽东湾新区等战略性新兴产业和产业园区发展。实现农村土地确权登记3250亩，土地流转面积占比34.5%，高于全国平均水平，加强农产品质量监督，农产品抽样合格率达到96%以上，畜产品、水产品合格率达到99%以上，处于全国第二位。吉林去除煤炭产能1643万吨、钢铁产能108万吨，去除商品房库存完成3年任务的68%，规模以上工业企业资产负债率下降2个百分点，加大对传统产业升级改造和培育新经济、新业态的支持力度，推动现代农业和新型城镇化的快速发展。黑龙江去除煤炭产能1010万吨、钢铁产能610万吨，去除商品房库存比2015年减少1123万平方米，减免税费达51.8亿元，建立PPP融资储备项目595个，设立融资基金1340亿元。推动国有企业股权多元化改革，拉动民间固定资产投资增长7.9个百分点，推动大型企业项目建设，全省兴建亿元以上项目1031个，10亿元以上项目110个。[①]

（3）服务水平进一步提高。2016年，辽宁在金融服务领域，新增金融服务机构110家，综合融资增加8180亿元。在现代化流通领域，建立建成大宗商品现货电子商务运营平台24个。民生工程方面，离退休人员基本养老金标准提高到每月2300元，城乡医疗保险政府补助标准提高至420元，城市低保平均标准提高至每月522元，农村提高至每年3903元，棚户区改造14.1万套，货币化安置比例达到75%，农村危房改造2.28万户，改扩建农村公路4402公里、村内道路6051公里，教育保障机制进一步落实，公立医院改革全面推进，环境改善和污染治理取得一定成效，空气和水环境质量进一步提高，创新创业服务进一步发展，沈阳浑南新区成为全国首批双创示范基地，大连高新区创新创业工作被纳入国家整体众创空间示范体系，建立产业技术创新平台38个。吉林重点突出就业服务，实施高校毕业生等重点群体就业和劳动者技能

---

① 资料来源：《辽宁省政府工作报告》（2016）、《吉林省政府工作报告》（2016）《黑龙江省政府工作报告》（2016）。

提升计划,并积极推进脱贫攻坚计划,保障性住房建成12.9万套,使36.2万人受益,解决了17.1万农村居民的饮水安全问题,安全生产和社会稳定工作成效显著,应急保障机制进一步健全、能力全面提高。黑龙江全年用于民生支出达到2742.8亿元,占公共财政支出的64.9%,完成40万农村人口脱贫,进一步提高低保和特困人员救助标准,组建364个医联体,营养改善计划使受益学生增加至40万人,完成棚户区改造19.9万套,货币化安置率接近50%,积极推动创新创业服务工作,鼓励科技人员、大学生等创新创业,举办创业对接活动165次,促成330个项目签约,签约金额达到56.8亿元。[①]

2. 优化国际营商环境

改变"投资不过山海关",优化国际营商环境,对于东北地区的经济发展至关重要。近年来,东北各级地方政府高度重视优化营商环境,并出台一系列相关政策措施,例如,2016年12月,东北地区首个优化营商环境的省级地方法规《辽宁省优化营商环境条例》制定并发布,2016年12月沈阳市制定并发布《关于打造国际化营商环境的意见》、2017年1月,黑龙江制定并发布《关于推进国内贸易流通现代化建设法制化营商环境的实施意见》等。相关政策措施主要围绕建立依法行政、开放包容、互利合作、诚实守信、重商护商的基本原则,对于法律法规和经济社会发展需要不一致的各项规章制度予以及时修改和废止,减少行政审批程序,强化政府服务意识,充分发挥市场在资源配置中的决定性作用,建立舆论监督和群众监督等相关监督机制,形成责任追究制度,保障企业市场主体地位和合法权益,建立公平、公正、透明的竞争机制等方面。在各级地方政府的不断努力下,东北地区的国际营商环境得到较大改善。2017年,辽宁全社会固定资产投资比2016年增长了0.1个百分点,进出口总额达到6737.4亿元,增长了17.9个百分点,外商直接投资达到53.4亿美元,增加了23.41亿美元,新签对外经济

---

[①] 资料来源:《辽宁省政府工作报告》(2016)、《吉林省政府工作报告》(2016)《黑龙江省政府工作报告》(2016)。

合作合同165份,合同总额达17.1亿美元,吉林全社会固定资产投资达到13130.9亿元,比2016年增加了1.4个百分点,进出口总额达到1254.15亿元,增长了3个百分点,外商直接投资达到589.49亿元,增加了11.8个百分点,黑龙江固定资产投资500万元以上施工项目24037个,增长了10.3个百分点,其中亿元以上项目1560个,增长了11.3个百分点,10亿元以上项目166个,增长了12.2个百分点,进出口总额189.4亿美元,增长了14.5个百分点。[①]

3. 提高政府效率

精简机构、减员增效,一直是东北地方政府推进政府改革的重要环节。2016年,辽宁在省政府内设机构改革方面,实现55个部门优化职责750余项,精简处室85个,减少干部职数192名,收回人员编制104名。在经营性事业单位改制方面,省、市级分别组建了7家、41家国有企业集团,推动658家经营性事业单位转企改制,收回事业编制1.5万余个。省(中)直40个单位422项审批事项进入省政务服务中心集中办理,审批时限压缩50%以上。吉林在2009年实行政府机构和人员编制改革,省政府工作部门减少至40个,减少了9个,精简比例为16%,并在改革后按照严控总量、盘活存量、优化结构、增减平衡和只调不加的原则,在机构控制上采取"撤一建一"等原则,保持机构总数稳定,在人员编制方面,采取只出不进、只减不增原则并要求事业单位保持4%空编运行,实现机构编制"零增长"。黑龙江在2010年对全省13个地级市和68个县的政府机构实施改革,共撤销691个行政机构,整合撤销了110个行政职能事业机构,并于2016年实施了180万机关事业编制人员的市场化改革。[②]

4. 加强法治政府建设

2016年7月,辽宁制定并印发《辽宁省法治政府建设实施方案

---

[①][②] 资料来源:《辽宁省政府工作报告》(2016)、《吉林省政府工作报告》(2016)《黑龙江省政府工作报告》(2016)。

(2016～2020年)》，为法治政府建设提出了总体目标、主要任务和保障机制。2016年辽宁的法治政府建设也取得了一定的进展，全年提请省人大常委会审议地方性法规草案8件，审议通过省政府规章4件，通过征求意见、民主协商等方式积极推进科学民主立法，备案审查各市政府、省直部门189个规章规范性文件，对327件省政府、办公厅拟发布文件进行了事前合法性审查工作，比2015年提高了183%，并提出了252条审查意见，废止和修改地方性法规15件，废止修改省政府规章21件，全面清理改革开放以来省政府、办公厅印发的3万多份文件，并废止1595件，有效消除政策壁垒，对14个市、90个县开展督导调研工作，并集中整治乱收费、乱罚款和乱检查等行为，依法办理300件行政复议案件，并对问题案件予以纠正，并开展了法治培训和相关学术研究工作。2016年，吉林提请省人大常委会审议地方性法规草案10件，办理人大代表建议241件、政协委员提案378件，制定政府规章5部，成立省政府决策咨询委员会，全省重大决策事项风险评估和合法性审查率达到100%，启动"七五"普法工作，坚决纠正"四风"问题，保持机构编制"零增长"，楼堂馆所"零开工"，"三公"经费再下降，制定问责办法，严格督查追责，推动工作落实，黑龙江"三公"经费支出共计减少4.8亿元，各级审计机关核减政府投资8.8亿元，严控政府举债规模，并组建省公共资源交易中心，省政府系统累计清理出非办公类用房666处、面积131.5万平方米，并直接用于发展产业。2016年11月，黑龙江制定并发布《黑龙江省法治政府建设考核办法》，并予以实施，2016年黑龙江政府聘请147位法律专家，并不断拓宽社会各界参与立法途径，并将立法草案通过互联网向社会公开征求意见，哈尔滨、齐齐哈尔市政府共制定法规草案和规章14部，规范文件制定程序和备案审查等要求，对备案的文件进行登记、抽查，对存在的问题予以纠正、废止、修改地方法规44部，实施"双随机一公开"监督检查机制，推进公正文明执法，提高行政执法水平，向省人大常委会报备政府规章3部、规范性文件78件，共办理全国人大代表、全国政协委员、省人大代表、省政协委员提案927件，函件115件，依法受理投诉举报

789 件，办结 776 件，责令整改 40 件，在各地级市、省直部门建立行政复议委员会，全年共受理行政复议申请 3338 件，并进行法制教育培训等相关工作。①

（二）存在的主要问题

（1）地方政府制度创新进展缓慢。2003 年国家实施东北老工业基地全面振兴战略十余年来，东北老工业基地各项事业得到了快速发展，地方政府制度创新也取得了重要的阶段性成果。但面对众多历史遗留问题，东北老工业基地地方政府在制度创新方面虽然进行了积极探索，但成效并不显著，制度创新进展较为缓慢。表 5 - 28 分析了中国地方政府创新奖的情况，由此可见一斑。

表 5 - 28　　　中国地方政府创新奖区域分布情况　　　单位：项

| 地区 | | 2001 年 | 2003 年 | 2005 年 | 2007 年 | 2009 年 | 2011 年 | 2013 年 | 2015 年 | 合计 |
|---|---|---|---|---|---|---|---|---|---|---|
| 东部地区 | 北京 | 0 | 2 | 2 | 1 | 2 | 0 | 1 | 1 | 9 |
| | 天津 | 0 | 0 | 1 | 0 | 0 | 1 | 0 | 0 | 2 |
| | 河北 | 1 | 2 | 2 | 0 | 1 | 1 | 0 | 0 | 7 |
| | 上海 | 2 | 0 | 1 | 2 | 1 | 1 | 0 | 1 | 8 |
| | 江苏 | 2 | 0 | 2 | 1 | 4 | 0 | 2 | 1 | 12 |
| | 浙江 | 2 | 3 | 4 | 4 | 4 | 5 | 2 | 2 | 26 |
| | 福建 | 0 | 1 | 2 | 0 | 1 | 0 | 1 | 2 | 7 |
| | 山东 | 0 | 1 | 0 | 2 | 2 | 1 | 2 | 1 | 9 |
| | 广东 | 2 | 1 | 1 | 2 | 3 | 4 | 2 | 3 | 18 |
| | 海南 | 1 | 1 | 0 | 0 | 0 | 2 | 0 | 0 | 4 |
| | 小计 | 10 | 11 | 15 | 12 | 18 | 15 | 10 | 11 | 102 |

---

① 资料来源：《辽宁省政府工作报告》(2016)、《吉林省政府工作报告》(2016)《黑龙江省政府工作报告》(2016)。

续表

| 地区 | | 2001年 | 2003年 | 2005年 | 2007年 | 2009年 | 2011年 | 2013年 | 2015年 | 合计 |
|---|---|---|---|---|---|---|---|---|---|---|
| 中部地区 | 山西 | 0 | 0 | 0 | 0 | 0 | 0 | 0 | 1 | 1 |
| | 安徽 | 0 | 1 | 1 | 0 | 0 | 0 | 0 | 1 | 3 |
| | 江西 | 0 | 0 | 0 | 1 | 0 | 1 | 1 | 1 | 4 |
| | 河南 | 1 | 1 | 0 | 0 | 0 | 1 | 1 | 0 | 4 |
| | 湖北 | 2 | 0 | 1 | 1 | 0 | 0 | 0 | 1 | 5 |
| | 湖南 | 1 | 0 | 1 | 0 | 0 | 0 | 0 | 1 | 3 |
| | 小计 | 4 | 2 | 3 | 2 | 0 | 2 | 2 | 5 | 20 |
| 西部地区 | 内蒙古 | 0 | 0 | 0 | 0 | 1 | 0 | 1 | 0 | 2 |
| | 广西 | 1 | 2 | 1 | 1 | 0 | 1 | 0 | 0 | 6 |
| | 重庆 | 0 | 0 | 2 | 0 | 1 | 1 | 1 | 1 | 6 |
| | 四川 | 2 | 2 | 2 | 3 | 2 | 2 | 2 | 2 | 17 |
| | 贵州 | 1 | 0 | 0 | 0 | 1 | 0 | 1 | 0 | 3 |
| | 云南 | 1 | 0 | 0 | 0 | 1 | 0 | 0 | 0 | 2 |
| | 西藏 | 0 | 0 | 0 | 0 | 1 | 0 | 0 | 0 | 1 |
| | 陕西 | 0 | 0 | 1 | 0 | 1 | 1 | 2 | 0 | 5 |
| | 甘肃 | 0 | 0 | 0 | 0 | 0 | 0 | 0 | 0 | 0 |
| 西部地区 | 青海 | 0 | 0 | 0 | 0 | 0 | 0 | 0 | 0 | 0 |
| | 宁夏 | 0 | 0 | 0 | 0 | 1 | 0 | 0 | 1 | 2 |
| | 新疆 | 1 | 0 | 0 | 1 | 1 | 0 | 0 | 0 | 3 |
| | 小计 | 6 | 4 | 6 | 5 | 10 | 5 | 7 | 4 | 47 |
| 东北地区 | 辽宁 | 0 | 0 | 1 | 0 | 1 | 1 | 0 | 1 | 4 |
| | 吉林 | 0 | 1 | 0 | 0 | 0 | 0 | 1 | 0 | 2 |
| | 黑龙江 | 0 | 0 | 0 | 1 | 1 | 0 | 0 | 0 | 2 |
| | 小计 | 0 | 1 | 1 | 1 | 2 | 1 | 1 | 1 | 8 |
| 合计 | | 20 | 18 | 25 | 20 | 30 | 25 | 20 | 21 | 177 |

资料来源：根据历届"中国地方政府创新奖"整理。

以"中国地方政府创新奖"获奖情况作为地区地方政府制度创新发展的衡量标准,通过表5-27可以看出,从2001年开始的八届"中国地方政府创新奖"评选中,东北老工业基地三个省份的获奖总数为8项,仅占整体获奖数量的4.5%,远远落后于其他地区。其中辽宁4项、吉林和黑龙江均为2项,在全国范围内分别排名第14位、第22位、第22位,除了辽宁排名处于中等水平外,吉林和黑龙江的排名均处于落后水平,且辽宁地方政府度创新奖的获奖数量与浙江、广东和四川等的差距仍十分明显。

(2) 地方政府制度创新系统性不强。地方政府制度创新包括经济体制、政治体制、社会体制和文化体制等多方面的制度创新,具有较强的系统性特点。各个方面之间是相互促进、相互制约、共同发展的关系,忽视任何一个方面都会使制度创新的效果大打折扣,甚至导致制度创新的失败。在东北老工业基地全面振兴战略实施至今,东北老工业基地地方政府对旧有体制机制的改革和创新进行了积极的探索,采取了双轨过渡、循序渐进的方式对传统体制机制的"薄弱环节"进行了有效的改革和创新,取得了显著的成果。但随着东北老工业基地全面振兴的不断推进,地方政府制度创新系统性不强的问题日益突出,制约了东北地区政治、经济、社会、文化等方面的全面发展。

东北老工业基地地方政府制度创新系统性不强主要体现在两个方面:一是整体性制度创新不协调。以往重点围绕经济制度创新,忽视政治体制、社会体制和文化体制等方面的制度创新,导致政治、社会、文化等领域发展相对滞后;二是经济体制改革内部的各项制度创新缺乏科学合理安排。各项改革未能协调推进,单纯追求经济增长的经济体制改革所带来的城乡、区域、经济与社会、人与自然之间的发展越来越不协调,粗放式的发展方式、产能过剩、市场割据等问题依然存在。随着地方政府制度创新缺乏系统性所带来的一系列矛盾和问题不断显现,全面科学系统的制度创新安排势在必行,东北老工业基地地方政府制度创新已经进入了攻坚阶段。

(3) 地方政府制度创新规范性不够。地方政府在制度创新过程中缺乏对制度创新行为本身的规范和约束，导致受制度创新主体自身利益的影响制度创新偏离预期目标的现象依然存在。这一问题不仅存在于东北老工业基地地方政府制度创新过程中，也是当前中国地方政府制度创新的共性问题之一。地方政府制度创新不够规范，往往会出现寻租腐败频发、制度制定随意性较大等问题，导致制度创新缺乏公平性和有效性。

东北老工业基地地方政府制度创新规范性不够主要表现在：一是政府越位、错位、缺位问题依然存在。政府越位是指政府参与和管理了职权范围以外的事情。受计划经济体制影响较深的东北老工业基地地方政府，长期充当着经济建设的主体和投资主体，既是管理者又是参与者，这种情况完全不符合市场经济发展的要求，另外，东北老工业基地地方政府直接干预企业生产经营活动、人事安排和内部管理等问题广泛存在，正当的市场调节与行政干预是应对市场失灵的重要手段，但过多的行政干预一样会扭曲市场资源配置效率，导致市场秩序混乱。政府错位是指政府未能有效管理职权范围内的事情，在各级政府之间和政府内部各部门之间，机构重复、职能交叉的问题长期存在，导致在政府管理范围内的很多事情错综复杂，办事效率低下，管理混乱。政府缺位是指政府没有管理职权范围内的事情，东北老工业基地地方政府在公共服务供给和社会保障体系建设方面投入不足甚至出现功能缺失，尤其在反映强烈的民生问题、为市场主体提供服务和创造良好发展环境等方面，与发达国家和地区仍然存在较大差距；二是政策制定随意性较大。以政府制定补贴扶持政策为例，一方面是地方政府政策扶持补贴发放随意性比较大，很容易造成资源配置扭曲；另一方面是地方政府从中央政府或上级政府争取政策扶持补贴后直接补给辖区的企业，补贴政策的效果并不好。

（三）主要成因

随着改革开放和东北老工业基地振兴战略的实施，东北老工业基地地方政府制度创新不断推进，地方政府职能切实得到转变，行政体制机制改革进一步深化，但与建设"法治政府、创新政府、廉洁政府、服务

型政府"的总要求还有较大差距,究其原因,导致东北老工业基地地方政府制度创新问题的主要原因有以下几个方面:

(1) 制度创新意识不强。推进地方政府制度创新,首先要树立制度创新意识。东北老工业基地地方政府由于受计划经济体制影响较深,市场意识淡薄,权力意识较强,在一定程度上还存在着"等、靠、要"的思想,缺乏开拓创新精神和服务意识,对原有旧体制机制存在较强的路径依赖,对地方政府制度创新抱有一定的消极抵触情绪,不利于地方政府职能转变和行政体制机制改革。

(2) 地方政府绩效考核机制不完善。东北老工业基地地方政府的绩效考核机制不够完善,未能形成有利于地方政府制度创新的绩效考核机制。首先从地方政府的考核机制来看,虽然近年来一直不断完善地方政府的考核机制,但经济增长依然是考核的主要组成部分。这就导致了地方政府过于追求短期效益,忽视经济发展的长期效益,对于推进阻力较大并需要付出较高改革成本,且不能带来短期效益的制度创新,地方政府一般都不愿轻易触碰。

(3) 相关法律法规不健全。地方政府由于其具有一定的特殊地位,对于规范和约束其行政行为的相关法律法规很难建立也很难实施。东北老工业基地地方政府参与或干预企业经营、人事任免、干预市场经济正常运行等情况依然广泛存在,权力未能得到有效约束,对东北老工业基地各项制度创新都产生了较大的阻碍作用。

# 第六章

# 东北老工业基地制度创新效应分析

## 第一节 制度创新对东北老工业基地经济增长的直接效应分析

### 一、模型构建

本书认为，东北老工业基地全面振兴的制度创新问题主要体现在企业制度创新、市场制度创新和地方政府制度创新三个方面。因此，本章主要从企业制度创新、市场制度创新和地方政府制度创新对经济增长的影响进行计量分析。根据杨友才（2015）的研究思路并做进一步的改进和扩展：假设代表性厂商生产单一商品，生产函数满足柯布—道格拉斯形式，将制度因素引入生产函数中，以考查三大因素对产出水平的影响。具体来说，同时考虑技术水平、物资资本水平、劳动力投入水平和三种制度创新的生产函数为：

$$Y(t) = K^{\alpha}(t)[A(t)L(t)]^{\beta}[E_C^{\varphi}(t)E_M^{\psi}(t)E_G^{1-\varphi-\psi}(t)]^{\gamma} \quad (6.1)$$

将上述模型对数化，则：

$$\ln Y(t) = \alpha \ln K(t) + \beta \ln[A(t)L(t)] + \varphi\gamma \ln E_C(t)$$
$$+ \psi\gamma \ln E_M(t) + (1 - \varphi - \psi)\gamma \ln E_G(t) \quad (6.2)$$

式 (6.2) 中，$Y(t)$ 代表 t 期产出水平，$K(t)$ 代表 t 期资本存量，$A(t)$ 代表 t 期技术水平，$L(t)$ 代表 t 期劳动供给。为刻画制度变迁对经济增长的影响，制度创新 $E(t)$ 可分解成企业制度创新 $E_C(t)$、政府制度创新 $E_G(t)$ 和市场制度创新 $E_M(t)$ 三部分。

显然，经济增长由资本、有效劳动供给、企业制度、政府制度和市场制度等 5 个因素共同决定。但这些因素如何具体影响东北老工业基地的经济增长，需要进一步实证分析。

根据式 (6.2) 并考虑经济增长的复杂性和滞后性 (胡鞍钢等, 2012)，本书将滞后一期的被解释变量作解释变量，反映经济增长惯性，回归模型可设定为:

$$\ln Y_{i,t} = \alpha_0 + \alpha_1 \ln Y_{i,t-1} + \alpha_2 \ln K_{i,t} + \beta \ln(A_{i,t} L_{i,t})$$
$$+ \gamma_1 \ln E_{Ci,t} + \gamma_2 \ln E_{Mi,t} + \gamma_3 \ln E_{Gi,t} \quad (6.3)$$

式 (6.3) 为典型的动态面板数据模型，应使用差分广义矩 (DGMM) (Arellano and Bond, 1991) 和系统广义矩 (SGMM) (Arellano and Bover, 1995; Blundel and Bond, 1998) 方法进行估计。DGMM 方法可以解决滞后变量的内生性，消除不可观测的个体效应，但存在弱工具变量和小样本性质差的问题。为此，阿里拉诺和鲍沃 (Arellano and Bover, 1995) 针对弱工具性提出综合使用一阶差分方程和水平方程，形成 SGMM 估计。本书将使用 SGMM 方法对方程进行估计，究其原因：一是经济增长存在复杂性和滞后性，静态回归易使估计系数有偏差；二是滞后的人均 GDP 增长率作解释变量会导致当期制度创新水平与上期产出水平之间出现内生关联，统计推断易失效。作为对比，本章将 DGMM 方法的估计结果一并呈现。

## 二、数据说明

### (一) 数据涵盖的时间及区域

考虑到数据的可得性，本章将时间范畴界定在八届"中国地方政府创新奖"评选的时间范围即 2001~2015 年。地域范围界定为东北三省老工业基地。

### (二) 主要指标说明

(1) 产出指标。选取辽宁、吉林和黑龙江三省的国内生产总值作为产出指标。

(2) 资本存量指标。目前，永续盘存法是资本存量测算的普遍做法。该方法可以表达为：$K_{it} = K_{it-1}(1-\delta_{it}) + I_{it}$。张军、吴桂英、张吉鹏 (1994) 采用永续盘存法估算了中国 1952~2000 年历年各省物资资本存量，他们将固定资本形成总额作为衡量 i 省 t 年投资 $I_{it}$ 指标；采用代表几何效率递减的余额折旧法确定 i 省 t 年的资本折旧率 $\delta_{it}$，即 $d_\tau = (1-\delta)^\tau$，设定资本品的相对效率 $d_\tau$ 为法定残值率 4%，建筑工程平均寿命期为 20 年，设备平均寿命期为 45 年，其他为 25 年，分别计算三部分的折旧率后加权平均即为经济折旧率；考虑到基年越早误差越小，加之考虑数据可得性和同类研究可比性，他们将基年物资资本存量选取为 1952 年；他们还对缺失数据进行了认真的处理和研究，最终估计了 30 个省市区 1952~2000 年的物资资本存量。本书在上述估计的基础之上，利用永续盘存法计算得到了以 1952 年为基年的辽宁、吉林和黑龙江的物资资本存量。

(3) 技术进步指标。技术进步估计的主要方法包括全要素生产率法和科研经费支出法等，本书技术进步指标以财政支出中用于科研技术研究的经费与就业人口总数的比重作为衡量指标。

(4) 劳动投入指标。本书选用统计年鉴中辽宁、吉林、黑龙江三省的就业人员数量作为劳动投入的衡量指标。

（5）企业制度创新指标。根据对企业制度创新问题的分析，本书选取企业制度中最为核心的企业产权制度作为企业制度创新指标，并根据统计年鉴中辽宁、吉林和黑龙江三省的国有与集体全社会固定资产投资与全社会固定资产投资的比重作为衡量指标。

（6）市场制度创新指标。本书使用市场化指数作为市场制度创新的衡量指标。目前关于市场化指数的计算方法较多，本书在卢中原、胡鞍钢（1993）的市场化指数测算方法基础上进行了调整。卢中原、胡鞍钢（1993）选择投资市场化指数、价格市场化指数、生产市场化指数和商业市场化指数等4个单项市场化指数，通过加权计算出综合市场化指数。其中投资市场化指数由全社会固定资产投资总额中"利用外资、自筹投资和其他投资"三项投资的比重来表示；价格市场化指数由农产品收购价格中非国家定价比重来表示；生产市场化指数由工业总产值中非国有经济所占比重来表示；商业市场化指数由社会商品零售总额中非国有经济所占比重来表示。并根据对4项市场化指数重要性的认定赋予相应权重，其中投资市场化指数和生产市场化指数分别赋予0.3权重，价格市场化指数和商业市场化指数分别赋予0.2权重。本书结合数据时间段等因素，认为价格市场化指数和商业市场化指数中，农产品和社会商品零售总额中的各项商品价格几乎都已经完全实现了市场定价机制，两项指标在市场化指数构成中几乎没有影响，因此对这两项市场化指数不予考虑，而将投资市场化指数和生产市场化指数两项指标权重分别赋予0.5权重，进而得到综合市场化指数，并作为市场制度创新的衡量指标。

（7）地方政府制度创新指标。主要选用历届"中国地方政府创新奖"获奖统计数据作为衡量指标。由于该奖项每两年评选一次，为了数据的连贯性，本书对统计数据进行了处理，即将辽宁、吉林和黑龙江各省的历届获奖平均分到两个年度中。

## 三、估计模型识别

本书利用Stata统计软件对模型进行估计，模型估计结果如表6-1

所示。

表 6-1 制度创新对东北老工业基地经济增长影响的分析模型估计结果

| 变量 | 系数 | 95% 置信区间下限 | 95% 置信区间上限 |
| --- | --- | --- | --- |
| $\ln Y_{i,t-1}$ | 0.525*** (0.098) | 0.332 | 0.719 |
| $\ln K_{i,t}$ | 0.217*** (0.097) | 0.026 | 0.408 |
| $\ln A_{i,t}$ | 3.985*** (1.476) | 1.092 | 6.879 |
| $\ln L_{i,t}$ | 0.213*** (0.072) | 0.074 | 0.354 |
| $\ln E_{Mi,t}$ | 0.625*** (0.319) | 0.000 | 1.251 |
| $\ln E_{Ci,t}$ | -0.002*** (0.002) | -0.005 | 0.001 |
| $\ln E_{Gi,t}$ | 0.022*** (0.031) | -0.038 | 0.082 |
| 显著性检验 | P 值 | | |
| Wald 检验 | 0.000 | | |
| AR（1）检验 | 0.000 | | |
| AR（2）检验 | 0.706 | | |
| Sargan 检验 | 1.000 | | |
| DSargan 检验 | 1.000 | | |

为得到准确的估计结果，应对残差的自相关性和工具变量的有效性进行检验，从表中检验结果看，Wald 检验的 p 值小于 0.05，通过说明各解释变量是联合显著的；AR（1）检验的 p 值均小于 0.05、AR（2）检验的 p 值均大于 0.05，说明残差项满足一阶序列相关，而不存在二

阶或更高阶的序列相关性；Sargan 检验、差分 Sargan 检验的 p 值均大于 0.05，说明工具变量有效。

## 四、直接效应实证结果的经济解释

表 6-1 给出了制度创新对东北老工业基地经济增长影响的分析模型估计结果。结果显示，资本存量与东北经济增长显著正相关，且相关系数为 0.217，也就是说资本存量增加 1 个百分点，产出将增加 0.217 个百分点；劳动供给与东北经济增长显著正相关，且相关系数为 0.213，也就是说劳动投入增加 1 个百分点，产出将增加 0.213 个百分点；技术进步与东北经济增长显著正相关，且相关系数为 3.985，也就是说财政支出中用于科研技术研究的经费与就业人口总数的比重增加 1 个百分点，产出将增加 3.985 个百分点；市场制度创新与东北经济增长显著正相关，且相关系数为 0.625，也就是说市场化指数增加 1 个百分点，产出将增加 0.625 个百分点；企业制度创新与东北经济增长显著负相关，且相关系数为 -0.002，也就是说国有企业产权比重降低 1 个百分点，产出将降低 0.002 个百分点，地方政府制度创新与东北经济增长相关性并不显著。

根据模型估计结果可以看出，东北老工业基地的资本存量、劳动投入、技术进步和市场制度创新与经济增长之间的系数均为正，且检验结果显著，说明东北老工业基地资本存量、劳动投入的增加、技术的进步和市场化水平的不断提升对东北老工业基地的发展具有积极的影响，企业制度创新与经济增长之间的系数为负，且检验结果显著，说明东北老工业基地国有产权比重的降低对东北老工业基地的经济发展起到了负面作用，地方政府制度创新与经济增长之间的系数为正，但检验结果不显著，说明东北老工业基地地方政府的制度创新与东北老工业基地的发展并没有很强的相关性。这样的估计结果与东北老工业基地的发展现状是基本吻合的。

本书关于东北老工业基地制度创新问题的实证分析，客观地反映出东北老工业基地经济发展的现状和特征，具有重要的政策含义：第一，市场制度创新方面。市场化程度的不断提高对东北老工业基地经济增长具有较大的积极影响。受历史等原因的影响，东北老工业基地受到计划经济体制的影响较深，东北老工业基地的经济结构也决定了国有资本一直占据较高比重，在很多行业处于垄断地位。随着改革开放，社会主义市场经济体制的建立和完善，尤其是随着东北老工业基地全面振兴战略的实施，东北地区的市场化进程进一步推进，市场化程度不断提高，部分原国有资本垄断行业进入壁垒被打破，非国有资本进入门槛降低，非国有资本参与程度不断提高，市场在社会资源配置上也起到了主导作用，资源配置的效率得到较大提高，对东北老工业基地经济发展起到了非常大的推动作用。进一步推动市场制度创新，提高市场化程度对东北老工业基地的全面振兴将起到至关重要的作用。第二，企业制度创新方面。国有企业产权比重下降对东北老工业基地经济增长的影响系数虽然较低，但却具有负面影响，这是一个值得研究的问题。究其原因：一是任何一项制度创新都难以避免的要付出一定的创新成本，企业产权制度改革也不例外。东北老工业基地国企产权制度改革过程中，难以避免的要付出一定的改革成本，并且东北老工业基地产权制度改革还处于深化推进时期，改革所带来的收益尚未充分显现；二是国企产权制度改革过程中，虽然国有资本比重下降，但并未取得明显的经济效益，说明产权改革尚未到位，"混改"没有取得明显效果，在产权转让过程中，不同程度地存在部分国有高效资本被低价转让的现象，而有些"僵尸企业"并未真正淘汰。因此，针对东北老工业基地企业制度创新问题，重点应该放在淘汰落后产能、清理无效低效资本和提高国有资本利用效率等方面。第三，地方政府制度创新方面。东北老工业基地地方政府制度创新与东北地区经济增长的检验结果不显著。其主要问题：一是衡量指标的选择方面。由于对地方政府制度创新的可用衡量指标十分有限，广泛使用的历届"中国地方政府创新奖"获奖统计中，东北老工业基地地方政府制度创新的获奖较少，数据样本与经济增长未呈现显著相关性，存在一定合理性；二是客观反映了东北老工业基地全面振兴中，作为制度的最大供给者，地方政府仍然存在制度创新动力不足、创新能力有限等问题，地方政府制度创新尚未对东北老工业基地的经济发展起到更大的推动作用。从中可以看出，东北老工业基地全面振兴中，面对东北地区特有的情况，应当有相应的制度安排，不能一味地效仿和照搬外地的某些做法，作为制度的最主要供给者，东北老工业基地地方政府的制度创新动力不足、能力有限等问题亟待解决。

## 第二节 制度创新对东北老工业基地经济增长的间接效应分析

### 一、模型构建

在直接效应分析的基础上，为了更进一步考查企业制度创新、市场制度创新和地方政府制度创新对促进经济增长的作用，本书分别对企业制度创新、市场制度创新和地方政府制度创新提高资本投入、劳动投入和技术进步对经济增长的偏效应进行实证分析。本书构建包含滞后项的交互效应模型如下：

企业制度创新对提高资本投入、劳动投入和技术进步的经济增长偏效应模型为：

$$\ln Y_{i,t} = \alpha_1 + \beta_1 \ln Y_{i,t-1} + \gamma_1 \ln K_{i,t} + \eta_1 \ln E_{Ci,t} + \lambda_1 \ln E_{Ci,t} \times \ln K_{i,t} \quad (6.4)$$

$$\ln Y_{i,t} = \alpha_2 + \beta_2 \ln Y_{i,t-1} + \gamma_2 \ln L_{i,t} + \eta_2 \ln E_{Ci,t} + \lambda_2 \ln E_{Ci,t} \times \ln L_{i,t} \quad (6.5)$$

$$\ln Y_{i,t} = \alpha_3 + \beta_3 \ln Y_{i,t-1} + \gamma_3 \ln A_{i,t} + \eta_3 \ln E_{Ci,t} + \lambda_3 \ln E_{Ci,t} \times \ln A_{i,t} \quad (6.6)$$

市场制度创新对提高资本投入、劳动投入和技术进步的经济增长偏效应模型为：

$$\ln Y_{i,t} = \alpha_1 + \beta_1 \ln Y_{i,t-1} + \gamma_1 \ln K_{i,t} + \eta_1 \ln E_{Mi,t} + \lambda_1 \ln E_{Mi,t} \times \ln K_{i,t} \quad (6.7)$$

$$\ln Y_{i,t} = \alpha_2 + \beta_2 \ln Y_{i,t-1} + \gamma_2 \ln L_{i,t} + \eta_2 \ln E_{Mi,t} + \lambda_2 \ln E_{Mi,t} \times \ln L_{i,t} \quad (6.8)$$

$$\ln Y_{i,t} = \alpha_3 + \beta_3 \ln Y_{i,t-1} + \gamma_3 \ln A_{i,t} + \eta_3 \ln E_{Mi,t} + \lambda_3 \ln E_{Mi,t} \times \ln A_{i,t} \quad (6.9)$$

地方政府制度创新对提高资本投入、劳动投入和技术进步的经济增长偏效应模型为：

$$\ln Y_{i,t} = \alpha_1 + \beta_1 \ln Y_{i,t-1} + \gamma_1 \ln K_{i,t} + \eta_1 \ln E_{Gi,t} + \lambda_1 \ln E_{Gi,t} \times \ln K_{i,t} \tag{6.10}$$

$$\ln Y_{i,t} = \alpha_2 + \beta_2 \ln Y_{i,t-1} + \gamma_2 \ln L_{i,t} + \eta_2 \ln E_{Gi,t} + \lambda_2 \ln E_{Gi,t} \times \ln L_{i,t} \tag{6.11}$$

$$\ln Y_{i,t} = \alpha_3 + \beta_3 \ln Y_{i,t-1} + \gamma_3 \ln A_{i,t} + \eta_3 \ln E_{Gi,t} + \lambda_3 \ln E_{Gi,t} \times \ln A_{i,t} \tag{6.12}$$

## 二、估计模型识别

从估计结果可以看出，式（6.4）的估计结果不显著，式（6.5）和式（6.6）的估计结果显著，如表6-2所示。

表6-2　　　　　　企业制度创新对经济增长的偏效应

| 变量 | 式（6.4） | 式（6.5） | 式（6.6） |
| --- | --- | --- | --- |
| $\ln Y_{i,t-1}$ | 0.616 *** <br> (0.042) | 0.816 *** <br> (0.027) | 0.781 *** <br> (0.027) |
| $\ln E_{Ci,t}$ | 1.719 <br> (0.927) | -3.946 ** <br> (3.361) | 1.218 *** <br> (0.134) |
| $\ln K_{i,t}$ | 0.336 * <br> (0.068) | | |
| $\ln L_{i,t}$ | | 0.022 *** <br> (0.203) | |
| $\ln A_{i,t}$ | | | 11.549 *** <br> (2.153) |
| $\ln E_{Ci,t} \times K_{i,t}$ | -0.201 * <br> (0.110) | | |

续表

| 变量 | 式 (6.4) | 式 (6.5) | 式 (6.6) |
|---|---|---|---|
| $\ln E_{Ci,t} \times L_{i,t}$ |  | 0.424 ***<br>(0.455) |  |
| $\ln E_{Ci,t} \times A_{i,t}$ |  |  | 7.474 ***<br>(1.237) |
| 显著性检验 |  |  |  |
| Wald 检验 | 0.000 | 0.000 | 0.000 |
| AR (1) 检验 | 0.000 | 0.000 | 0.000 |
| AR (2) 检验 | 0.866 | 0.730 | 0.828 |
| Sargan 检验 | 1.000 | 1.000 | 1.000 |
| DSargan 检验 | 1.000 | 1.000 | 1.000 |

从估计结果可以看出，式（6.7）和式（6.9）的估计结果显著，式（6.8）的估计结果不显著，如表6-3所示。

表6-3　　　　　市场制度创新对经济增长的偏效应

| 变量 | 式 (6.7) | 式 (6.8) | 式 (6.9) |
|---|---|---|---|
| $\ln Y_{i,t-1}$ | 0.647 ***<br>(0.044) | 0.814 ***<br>(0.032) | 0.768 ***<br>(0.038) |
| $\ln E_{Mi,t}$ | 3.514 ***<br>(1.154) | 4.745<br>(3.478) | 1.478 ***<br>(0.204) |
| $\ln K_{i,t}$ | 0.247 ***<br>(0.061) |  |  |
| $\ln L_{i,t}$ |  | 0.409<br>(0.319) |  |
| $\ln A_{i,t}$ |  |  | 11.186 ***<br>(1.318) |

续表

| 变量 | 式 (6.7) | 式 (6.8) | 式 (6.9) |
|---|---|---|---|
| $lnE_{Mi,t} \times K_{i,t}$ | 0.239** <br> (0.127) | | |
| $lnE_{Mi,t} \times L_{i,t}$ | | -0.513 <br> (0.472) | |
| $lnE_{Mi,t} \times A_{i,t}$ | | | -13.538*** <br> (1.608) |
| 显著性检验 | | | |
| Wald 检验 | 0.000 | 0.000 | 0.000 |
| AR (1) 检验 | 0.000 | 0.000 | 0.000 |
| AR (2) 检验 | 0.706 | 0.922 | 0.973 |
| Sargan 检验 | 1.000 | 1.000 | 1.000 |
| DSargan 检验 | 1.000 | 1.000 | 1.000 |

从估计结果可以看出，式 (6.10)、式 (6.11)、式 (6.12) 的估计结果均不显著。

表 6-4　　　　　　政府制度创新对经济增长的偏效应

| 变量 | 式 (6.10) | 式 (6.11) | 式 (6.12) |
|---|---|---|---|
| $lnY_{i,t-1}$ | 0.679*** <br> (0.260) | 0.935*** <br> (0.013) | 0.973*** <br> (0.020) |
| $lnE_{Gi,t}$ | -0.440* <br> (0.234) | -2.602*** <br> (0.801) | -0.077* <br> (0.044) |
| $lnK_{i,t}$ | 0.205*** <br> (0.199) | | |
| $lnL_{i,t}$ | | 0.100 <br> (0.066) | |

续表

| 变量 | 式 (6.10) | 式 (6.11) | 式 (6.12) |
|---|---|---|---|
| $\ln A_{i,t}$ | | | -1.401<br>(1.195) |
| $\ln E_{Gi,t} \times K_{i,t}$ | 0.0527<br>(0.027) | | |
| $\ln E_{Gi,t} \times L_{i,t}$ | | 0.343<br>(0.107) | |
| $\ln E_{Gi,t} \times A_{i,t}$ | | | 3.441<br>(1.875) |
| 显著性检验 | | | |
| Wald 检验 | 0.000 | 0.000 | 0.000 |
| AR (1) 检验 | 0.000 | 0.000 | 0.000 |
| AR (2) 检验 | 0.812 | 0.890 | 0.773 |
| Sargan 检验 | 1.000 | 1.000 | 1.000 |
| DSargan 检验 | 1.000 | 1.000 | 1.000 |

## 三、间接效应实证结果的经济解释

本书对估计结果不显著的式 (6.4)、式 (6.8)、式 (6.10)、式 (6.11)、式 (6.12) 不予以解释，对估计结果显著的式 (6.5)、式 (6.6)、式 (6.7)、式 (6.9) 结合直接效应的结果做进一步的分析。

估计结果显示，企业制度创新对经济增长的技术进步偏效应呈显著正相关关系，且相关系数为7.474，也就是说企业制度创新水平每提高1个百分点，经济增长的技术进步偏效应提高7.474个百分点；企业制度创新对经济增长的劳动力供给偏效应呈显著正相关关系，且相关系数为0.424，也就是说企业制度创新水平提高1个百分点，经济增长的劳动力供给偏效应提高0.424个百分点；市场制度创新对经济增长的资本投入偏效应呈显著正相关关系,且相关系数为 0.239,也就是说市场制度创新水平提高 1 个百分点,经济增长的资本投入偏效应提高 0.239 个百分点;市场制度创新对经济增长的技术进步偏效应呈显著负相关关系,且相关系数为 -13.538,也就是说市场制度创新水平提高 1 个百分点,经济增长的技术进步偏效应降低 13.538 个百分点。

通过对模型估计结果可以看出:一是东北老工业基地企业制度创新通过对技术进步和劳动投入的影响,进而对经济增长产生积极的影响。结合对直接效应的经济分析,说明东北老工业基地非国有产权比重的不断提高,会对技术进步和劳动投入产生积极影响,主要是由于东北老工业基地企业类型多以传统重化工业为主,在企业产权多元化改革过程中,随着非国有经济产权比重的增加势必要求原有企业对传统生产方式进行升级改造和工人技能的进一步提升,以期获得更强的市场竞争力,从而获得更大利润,在传统企业的升级改造过程中,对新科技、新技术的需求会不断增加,从而带动了科技投入资金的增加,这也会提高产品质量和科技含量并扩大企业的产出水平。并且根据企业产权衡量指标的选择,不仅体现出企业产权制度的多样化特征,也反映出了非国有企业规模不断增大的特点,这对吸纳更多的劳动力,增加劳动投入水平也会产生积极的影响。通过上述分析,还可以间接地了解到国有企业在技术研发和劳动投入及劳动生产率等方面还存在着巨大的不足,亟待解决。二是东北老工业基地市场制度创新通过对资本投入的影响,进而对经济增长产生积极的影响。原因应该是东北老工业基地随着市场化程度的不断提高,资本的投入水平也会不断提高。主要是由于改革开放以来,尤其是东北老工业基地全面振兴战略实施以来,东北老工业基地市场经济体制不断完善,非国有资本进入部分原来由国有资本垄断的行业,这势必会带来非国有资本的投入水平不断提高。三是东北老工业基地市场制度创新通过对技术创新的影响,进而对经济增长产生不利影响。究其原因:第一,虽然随着东北老工业基地市场化程度的不断提高,非国有资本在投资和生产领域比重有所增加,但由于东北老工业基地还是国有经济为主的经济发展模式,民营企业发展相对滞后,大企业集团数量较少,民营企业的发展模式还是以家庭作坊式的小企业为主,科技研发投入较小甚至没有;第二,随着市场化程度的不断提高,国有企业在面对残酷的市场竞争时,未能做出有效应对,大批国有企业面临困境,一些企业甚至出现亏损局面,企业生存都受到巨大威胁,更无力投入科技研发,甚至将原有的科技研发资金挪作他用,形成恶性循环。这些问题都会导致对技术创新产生负面影响。因此,应该更好地为民营企业营造良好的发展环境,扶持企业做大做强,鼓励企业提高对技术创新的投入水平,加快国有企业的转型升级,建立现代企业制度,提高国有企业的市场竞争力,更好地发挥市场制度的优势。

通过制度创新对东北老工业基地经济增长的直接效应和间接效应的实证分析,可以更加清楚地认识到制度创新对东北老工业基地全面振兴具有十分重要的战略意义,也为东北老工业基地全面振兴的相关政策制定提供了有力的理论支持。

# 第七章

# 主要国家和地区制度创新的比较与借鉴

## 第一节 发达国家老工业地区的做法

### 一、德国鲁尔工业区

德国鲁尔工业区是世界最重要的工业区之一，位于德国西部、莱茵河下游支流鲁尔河与利珀河之间，区内人口和城市密集，拥有 5 万以上人口规模城市 24 个，其中埃森、多特蒙德和杜伊斯堡人口均超过 50 万。鲁尔工业区是以煤炭和钢铁为基础、以煤炭、钢铁、电力、机械、化工等重化工业为主要产业结构的重工业区，在德国经济中具有十分重要的地位，对德国第二次世界大战后经济恢复和经济起飞起到了至关重要的作用，其工业产值曾一度占德国的 40%。但与世界其他老工业区一样，由于产业结构单一、煤炭和钢铁等传统工业衰退等原因，德国鲁尔工业区的发展也出现了结构性危机，并在 20 世纪 60 年代末开始陷入发展困境，经济中心地位不断下降，工业产值从占德国总体的 40%，一路下滑至不足 1/6。面对鲁尔工业区的实际情况，德国政府出台了一系列政策措施，帮助其走出发展困境重新焕发生机和活力。

（1）成立专门机构。根据鲁尔工业区的实际情况，德国政府成立了由鲁尔煤管区开发协会为主体、鲁尔工商管理局、劳动局和经济促进会等机构部门相配合的机构体系，制定并实施了鲁尔工业区长期发展规划，并联手解决鲁尔工业区转型发展过程中的相关问题。由鲁尔煤管区开发协会负责鲁尔工业区的总体改造复兴任务，直接参与鲁尔工业区的建设和规划，鲁尔工商管理局的主要职责是对鲁尔煤管区开发协会制定相关政策进行协助，并对发展规划的实施进行监督，劳动局和经济促进会等机构通过推动政府和企业合作解决鲁尔工业区转型升级过程中出现的失业等问题。1969年，通过各机构部门的协同配合，经过不断的修改和完善，第一个鲁尔工业区总体发展规划正式发布，这也是德国历史上第一个具有法律效力的区域整治和发展规划。其目标为：以煤钢为基础，发展新兴工业，改善经济结构，拓展交通运输，消除环境污染。并提出了"稳定第一地带、控制第二地带、发展第三地带"的整治方案。"稳定第一地带"是指维护早期大型煤矿和煤矿集中地区，即鲁尔河谷地区的稳定。总体规划以保持相对稳定的经济发展为主要目标和基本要求。主要措施包括：改造煤矿生产的组织和技术基础，建立连接中心城市与整个地区的快速、高效交通线路，进一步提升综合服务能力。"控制第二地带"是指对中部地区进行重新规划，并控制重新规划区。中部地区具有城镇集中、人口密集、企业林立，经济比较发达的特点。总体规划提出对该地区工业布局进行科学合理的重新规划，深化工矿企业改造和控制人口数量等政策措施。"发展第三地带"是指发展鲁尔河东西部地区。该地区处于鲁尔区的边缘地带，传统工业发展水平较低，总体规划提出充分运用相关政策优势，鼓励企业和个人投资，大力引进高端人才，进一步促进新兴工业和第三产业发展，将其建设成为新兴工业发展地区。

（2）政府提供财政资金支持。为了促进地区均衡发展，进一步缩小地区差距，政府提供了财政资金支持和推动老工业地区的改造。德国联邦政府经济部下设的联邦地区发展规划委员会和执行委员会将老工业地区改造列为主要工作内容。针对鲁尔区的实际情况，制定了相应的资助政策。规定鲁尔区内各地区失业率达到15%以上、人均收入低于西部地区平均水平75%的地区，都可以申请联邦政府资助。资助采取项目资助方式，由被资助地区提出资助项目申请，通过项目招标，经地区发展执行委员会和北威州政府联合审批，通过审批的一般性项目，提供占投资总额28%的资金资助，而对于环保和废厂房利用等能够推动当地基础设施建设的特殊项目，则可得到占投资总额80%的资金资助，联邦政府和州政府财政按50%的比例共同承担资助资金。政府还出资5亿马克设立了鲁尔地产基金并成立了土地评估机构，收购和评估由于企业关、停、并、转而闲置的土地，并进行环保处理后对其重新利用。财政资金支持政策还包括财政转移支付和相关税收优惠政策，对于能够促进鲁尔区经济发展和增加就业等企业进行补贴和政策倾斜，例如为购买鲁尔区内废弃矿井和工地的企业提供低息贷款，以及为能够增加鲁尔区就业岗位的新建或迁入企业提供投资总额10%的就业赠款等。

（3）产业结构调整和重新布局。首先，推动传统产业转型升级。1965年，德国联邦政府为大力扶持鲁尔区的煤炭工业，实施了降低燃煤发电厂投资税的政策，但并未取得理想效果。1966年，再次对燃煤发电厂进行投资补贴，在为期一年的时间里，投资补贴共投入达150多亿马克。其中，德国联邦政府支付100亿马克以上，达到补贴总额的2/3。[1] 1969年，由26家煤炭公司发起并成立了鲁尔煤炭公司，重新规划和调整了鲁尔区煤田：一是对亏损煤矿进行关停，对盈利多和机械化程度高的大矿井实行集约化生产经营；二是利用低息贷款对机器化程度进行升级改造，从而提高生产效率；三是对煤炭企业进行补贴，进而平抑国产煤与进口煤之间的差价，增强煤炭工业的竞争力。1983年，政府对鲁尔区钢铁工业改造提供了资金援助，援助总额达到45多亿马克。改造的具体措施包括，一是通过企业间的兼并重组，扩大企业规模，形

---

[1] 李洁：《资源型地区转型的国际比较——基于比较历史制度分析的视角》，山西财经大学博士学位论文，2013年，第34页。

成集约式生产经营;二是推进钢铁企业技术改造,提升企业生产的技术化和专业化;三是重新进行产业布局,对于不具有成本优势和产品附加值较低的初级钢铁加工业迁移至大河沿岸和港口区,从而大幅度降低企业成本,并进而提高了钢铁工业的国际竞争力。

(4) 因地制宜建立新兴产业。鲁尔区的不同城市存在着不同的优势,各个城市利用自身独特的优势重建了自己的支柱产业。埃森市自然环境优美,具有众多天然的湖泊和森林,具备发展休闲旅游业和服务业的良好基础。在此基础之上,埃森市大力发展这两大产业,成了当地的休闲服务中心。杜伊斯堡凭借其地缘优势,利用港口大力发展对外贸易,成了该区域的贸易中心。由于众多高校为多特蒙德市提供了技术支持,多特蒙德市大力发展微电子和软件业,获得了成功。不仅如此,鲁尔区还出台多项优惠政策,并利用充足的劳动力资源、便利的交通条件和较大规模的市场基础等有利条件,鼓励并吸引新兴工业企业进入和扩大投资规模。与此同时,还大力推动第三产业发展。从1958~1973年,共有469家企业新建或迁入鲁尔区,极大地带动了鲁尔区的经济发展。[①]

(5) 大力培养创新能力。老工业基地转型的核心就是逐步淘汰传统落后的产业,建立和引进高新产业作为本地区的新型支柱产业。这就需要不断地创新和研发,并把相关的成果转化为新产品和新产业。鲁尔区高度注重教育投资,建立多所高校,提高地区整体劳动力素质,提高本地区的创新能力,为该地区提高传统产业的产出效率、发展新兴产业奠定了有利基础。20世纪60年代,鲁尔区创建了多特蒙德大学、波鸿鲁尔大学、杜伊斯堡内河航运学院等多所高校,使得这里从一个没有高等院校的地区变成欧洲高等院校最为密集的地区,高等院校学生总数达到近15万人,从事科研与教学的教授学者达到约3000人,拥有了雄厚的科研实力。其中理工类和经济类等对区域经济有重要影响的专业,学生比重达到63.5%,比全国平均水平高出12个百分点。同时,为了给

---

① 李洁:《资源型地区转型的国际比较——基于比较历史制度分析的视角》,山西财经大学博士学位论文,2013年,第39页。

新兴产业提供资金和技术支持，鲁尔区还成立了鲁尔区风险资本基金会和新技术服务公司，引进了约 30 家承担着研发和咨询业务的科研中心和大公司总部。①

通过一系列的制度创新，鲁尔老工业区的改造转型取得了一定的良好效果。一是工业企业生产效率得到显著提高。鲁尔工业区通过对原有大部分企业进行兼并、重组和破产，并对传统工业企业进行技术改造，加之高附加值、高技术含量产品生产企业大量涌现，形成了许多更具竞争力的工业企业，虽然就业人员大幅度减少，但企业的生产效率得到了较大幅度提升，工人收入也得到较大幅度提高。二是中小企业得到一定发展。由于政府的重视和投资，鲁尔工业区的许多中小企业得以建立并迅速发展，以主要使用新工艺和生产新产品为特点的中小企业，为鲁尔区经济发展增添了活力。三是服务业快速发展。鲁尔区的一些著名工业城市通过大力发展服务业，转变了原有的发展模式，埃森市吸引并建立了许多大公司的总部，成为企业管理中心，多特蒙德市成为保险和技术基地，杜伊斯堡成为物流集散中心和微电子产业中心。服务业的快速发展，不仅推动了鲁尔区的经济发展，还吸收了煤炭、钢铁等产业在转型升级过程中裁减下来的约 40% 的劳动力。现在鲁尔区中在煤矿、钢铁等传统产业中工作的劳动力仅占劳动人口的 8%，而在服务业中的已经达到 63%。

目前，鲁尔工业区的三次产业分布与德国整体水平大致持平，产业结构逐步趋于优化，地区转型基本成功。但是，鲁尔工业区的高失业率仍然是个不容忽视的重要问题。鲁尔地区的整体失业率仍然远高于德国整体水平，根据各国老工业基地转型的经验来看，由于需要逐渐淘汰传统低效的产业，而新兴产业无法全部吸纳剩余工人，因此老工业区在转型之中难免会遇到失业率大幅上升的情况，这一问题也是阻碍老工业区转型发展的核心问题之一。

---

① 李洁：《资源型地区转型的国际比较——基于比较历史制度分析的视角》，山西财经大学博士学位论文，2013 年，第 69 页。

## 二、美国"锈带地区"

美国"锈带地区"也称"铁锈地带",因位于美国东北部地区的制造业地带,由明尼苏达的钢铁产业而得名。20世纪七八十年代该地区的工业急剧衰落,大批工厂倒闭、大量工人失业,闲置的机器设备锈迹斑斑,因而被形象地称为"锈带"。进入20世纪90年代,通过一系列政策措施的制定和实施,"锈带"地区经济发展水平迅速提高,成为美国经济调整时期取得成绩最为显著的地区,也成为备受美国经济学界关注并推崇的地区发展范例,也被称为"锈带复兴"现象。美国的"锈带复兴"固然有当时能源价格较低以及美元贬值对其发展十分有利的外部原因,但更主要的原因是其制定了符合自身发展实际的经济政策。

(1) 政府政策资金的扶持。美国政府通过经济政策和措施控制和干预老工业地区的改造,对"锈带地区"的崛起起着至关重要的作用。一是产业保护政策。政府出面实行限制进口的政策,从而保护了国内制造业的发展。在20世纪70年代末80年代初,面对钢铁工业急剧衰退的状况,政府在1976~1980年,实施了特殊钢进口限额政策;1978年开始实行进口碳钢的价格控制措施;卡特政府对进口钢铁提高了最低限价;里根政府与29个国家达成自愿限制钢铁进出口的协议等。二是财政扶持政策。通过降低贷款利率、加速折旧和吸引投资等扶持政策,稳定了钢铁的生产和发展。虽然其中的一些扶持政策不仅是针对"锈带地区"制定的,但也对"锈带地区"的经济复兴产生了极大的促进作用。三是减税和放松政府管制。1982年开始,政府降低了个人所得税,并通过建立"快速成本回收制度"和相应的税收优惠政策,降低了公司所得税,调整或取消了180多项有关工矿安全和环境污染等阻碍经济发展的规章制度等。

(2) 产业政策的调整。一是进行优势产业重组。依靠"锈带地区"雄厚的制造业基础,通过企业改造和结构性调整,使老工业区的制造业重现光彩,并以此为基础带动其他区域经济发展,这是锈带地区经济调整的最突出的特点。20世纪中叶到20世纪80年代,美国对汽车行业处于分散发展状态,当时受到日本汽车出口的巨大冲击。在20世纪80年代,美国对汽车工业进行整合和重组,将大量汽车产能进行集中,追求规模效率。通过一系列措施,不仅美国的汽车行业重获新生,还带动美国中西部地区实现经济振兴。二是盘活存量扩大增量。盘活存量方面,制造业通过技术改造升级,特别是将信息技术应用于制造业生产过程中,是"锈带地区"中西部复兴的重要原因。美国的汽车产业利用高新技术改造其生产技术,细化分工,提高产能效率,提高产品的附加值,不断推陈出新。高新技术的利用也是美国汽车行业得到发展,进而带动美国中西部地区崛起的主要原因。扩大增量方面,传统工业失去竞争力是"锈带地区"衰落的主要原因,而"锈带地区"则抓住这一机遇,积极推进经济结构调整,通过推动新兴产业快速发展,拉动经济增长和就业,并取得了显著成效。例如,曾经是美国最主要的重工业州之一的伊利诺伊州,经过不断地调整和改造,食品加工业、电脑和电子产品制造业逐渐成为支柱产业。美国"钢都"匹兹堡,如今成为著名的生命科学中心。不包括大学里的研究人员,目前匹兹堡生物技术产业拥有近万名雇员,每年的就业人数增长率达到3%。

(3)金融政策支持。有利的金融政策措施和适当的金融组织的建立,为美国"锈带地区"的产业结构重组和高新技术产业发展起到了非常重要的推动作用。随着旧金山、洛杉矶、纽约、波士顿等传统工业城市和地区转变为美国风险资本集中地,高科技产业的发展得到了充足的资金支持,从而迅速发展壮大。此外,借助于联邦政府、州政府和私人基金会的资金支持,大量新创企业培育公司得以建立,为"锈带地区"的高科技企业创立和发展起到了巨大的推动作用,新创企业培育公司一般是以较低价位的租金为新创企业提供办公室、生产车间或实验室等集中创新创业场所为主要活动的组织机构,为新创企业的发展提供了便利的工作环境和发展环境,由于新创企业培育公司具有促进地区发展的积极作用,因此,其建立方式主要以政府公共部门和经济发展组织发起建立为主,据统计,美国在1987年拥有这类企业达200多家。"锈带地区"的麻省在经济振兴过程中,将扶持新创企业培育公司作为重要发展战略,州政府通过设立风险资本公司"麻省社会发展金融公司"、金融代理机构"卓越中心"和科技投资公司"麻省技术开发公司"等，为以生物工程、计算机软件与服务、海洋科学等科技创新公司提供金融支持。

经过一系列的调整和改造，美国"锈带地区"的整体工业劳动生产率增速明显提高，美国为推动"锈带复兴"的政策基本获得了成功。但是，美国"锈带地区"的劳动生产率仍然低于美国整体水平、人才外流情况严峻、单一的产业结构、缺乏持续的技术创新能力等问题仍然存在，其更深层次的矛盾并没有被彻底解决，这些问题也将制约其未来的发展。

## 三、日本"九州地区"

九州是日本第三大岛，位于日本西南端，九州工业带作为日本四大工业带之一，其对日本第二次世界大战后快速发展和崛起起到了非常重要的作用，尤其是其中心北九州市作为日本明治时代工业革命的起点，一直是日本最主要的工业城市和港口城市之一。从20世纪50年代开始，由于受到日本经济政策和国内外各种因素的影响，九州地区的传统工业不断衰退，在全国工业中的比重不断降低。面对九州地区如此严重的衰退局面，日本政府采取多种手段推动其实现振兴。

（1）淘汰落后产能。日本政府主要采取了以下措施：一是循序渐进地调整煤炭政策。九州的能源产业受到了几次严重的冲击，产业整体受到了严重的影响，日本政府采取"渐进式"调整战略对九州地区的煤炭等资源产业进行调整和改造，在资源尚未进入枯竭期之前，就开始控制资源产业的发展，逐步降低其对自然资源的过度依赖。在对资源产业进行调整改造的同时，鼓励和扶持成长型替代产业快速发展，将衰退产业的各种资源逐步向新兴产业引导和转移，积极实施多元化发展战略。以九州的煤炭产业为例。日本政府从20世纪50年代开始，直到2002年1月九州地区最后一家煤矿池岛煤矿的关闭，用了近40年的时间通过"渐进式"调整方式，使其煤炭产业顺利实现软着陆。1955年出台了《煤炭工业合理化临时措置法》，大力扶持高校煤矿，集中整治低效煤矿，并实施多元化经营发展战略。从1962年7月至1991年7月日本政府共进行了9次煤炭政策的调整。其中，前三次煤炭政策的调整，主要是为了稳定煤炭产量，保护煤炭产业的发展，而从第四次煤炭产业政策开始，逐渐实施煤炭产业的退出机制。政策的调整反映出日本政府对煤炭产业从保护、扶持到放弃的演变过程，对九州地区煤炭产业的软着陆起到了关键作用。二是积极吸引投资，创造就业机会。在煤炭产业难以复兴的情况下，政府开始实施劳动力转移和鼓励发展新产业的相关政策措施。1961年制定了《产煤地域振兴临时措置法》，以及1962年设立了"产煤地域振兴事业团"（1972年后重组为"产业重组/产煤地域振兴事业团"），积极推进工业园小区的建设。工业园小区由"产煤地域振兴事业团"出资、融资开发，并通过长期贷款和减免税等政策措施对投资者进行转让，从而吸引投资者来产煤区建厂。1993年福冈县共建立工业园小区66个，占全国总数的40%，2002年，总数上升为96个，占地1538公顷，园区内拥有企业达到521家，创造就业岗位5615个。三是完善社会保障机制。日本政府制定了《煤炭矿业结构调整临时措施法》《煤矿职工队伍稳定雇佣临时措施法》《煤炭矿业年金基金法》等政策措施，对失业的煤矿职工发放退职金和离职金，然后通过对职业转换、职业训练和再就业的援助，为离岗失业人员提供生活保障和再就业条件，维护了社会经济稳定。并且九州地区对离岗人员的培训工作，是从开始研究煤矿封井之初就已着手实施，确保了煤矿工人在离岗失业前就基本掌握了一定的职业技能，为再就业创造了有利条件。从其他国家老工业基地转型的经验来看，转型之中遇到的严重失业问题是老工业基地转型中遇到的最大难题之一，九州地区比较成功地解决了这个问题，为其成功转型奠定了良好的基础。

（2）大力发展新兴产业。九州地区在进行产业结构调整过程中，并没有采取依赖原有产业基础进行产业链简单延伸的方式，而是采取大力发展新兴产业的政策措施，结合区位优势对产业结构进行重新定位，引入并扶持新兴替代产业，从而实现产业结构多元化发展方式。其中最典型的就是集成电路（IC）产业，九州地区发达的航空运输基础设施和传统产业衰落,为 IC 产业的发展提供了有利的区位优势和廉价的劳动力资源,大批世界级知名企业如美国的仙童公司和得克萨斯仪器公司、英国 Cranfield 大学日本中心、德国国立信息处理研究所(GMD - Japan)、日本国内的东芝、索尼、松下、日立、富士通、日本电气、三菱等纷纷在九州地区建立工厂和研发机构,带动了其他高新技术产业的快速发展,也使九州地区成了知名的高科技产业基地。

(3)创建高新技术产业发展模式。"技术城"(Technopolis)是由日本人创造的词汇,它是以高技术研究开发为基础,将产(业)、学(术)、住(生活环境)有机结合成三位一体的、以原有地方城市为母城的新型中小城市。日本第四次全国综合开发计划将建设"技术城"作为计划的中心内容,该计划提出在具有一定经济、文化和自然条件基础的地方中小城市,通过引进高科技尖端产业,为城市的经济发展提供动力,并配置科研机构和高校等研究机构,并提供舒适方便的生活条件。具体措施,一是推动高校和科研机构向地方分散,以及创办中小型企业大学,为地方培养高技术人才;二是实施贷款和补贴政策,大力支持企业进行科技研发。建设"技术城"的目的是,更好地推动高新技术产业与改造传统产业有机结合并共同发展,吸引和培育高科技人才和大型科技企业,提高地区企业的科技水平,推进科技与经济发展深度融合,实现地区经济振兴和发展,1983 年日本共建立了 26 个"技术城",其中有 6 个建在九州地区,在"技术城"快速发展的带动下,九州地区的基础设施、新产品和新技术研发以及人才培养都取得了长足进步,并为九州地区的经济发展做出了巨大贡献,1994 年九州地区的 6 个"技术城"的工业生产总值达到了 42541 亿日元,占地区工业总产值的 22.5%,并带动了 18 万人口的就业。2002 年,九州地区的企业与大学等科研院所合作研究项目达到 810 件,占全国总数的 12.0%,2003 年 7 月,九州地区技术许可机构数量为 6 个,占全国总数的 16.7%。[①]

---

[①] 杨振凯:《日本九州老工业基地改造政策分析》,载《现代日本经济》2006 年第 6 期,第 14~17 页。

(4) 建立经济特区。日本采取建立经济特区的方式，将九州地区的部分城市列为"新产业城市"，通过对其进行大量投资和建设，吸引外部企业进入。日本在第一次全国综合开发计划中，将九州划为"开发地区"，并制定大分县、日向、延冈、不知火、有明、大牟田等6个城市为"新产业城市"，国家采取相应措施予以优先发展，其中在工业投资、交通和通信等基础设施建设等方面给予优先配置，在财政、金融和税收等方面予以倾斜和优惠。在"新产业城市"建设上，地方政府也高度重视，并发挥了积极的主动性和创造性，在地方政府领导者的推进下，从20世纪60年代末到70年代初，九州地区大力兴建现代化的机场网络，成为日本少数几个拥有发达的现代机场网络的地区之一，九州地方政府为改善地方交通条件所做的工作，使得地区经济发展得到了丰厚的回报，现代化机场网络的建成，为电子工业产业的发展提供了理想的发展条件，大批电子类工厂在机场周边地区迅速建立起来，从而九州地区也成了日本的"硅岛"。

从总体发展情况来看，日本九州老工业地区的改造和振兴已经取得成功。一系列政策措施的制定和实施，已经使九州地区摆脱了发展困境，经济发展水平得到了恢复，九州地区已成功转型为服务业产值占比超过70%，以现代服务业为主体的经济结构，经济社会走入良性发展轨道。

## 第二节 国内发达地区制度创新的经验总结

### 一、长江三角洲地区

(一) 制度创新历程

长江三角洲地区是我国第一大经济区，是综合实力最强的经济中心。结合长江三角洲地区的经济发展和制度创新历程来看，可以分为两个阶段：

第一阶段为改革开放至20世纪90年代初的经济调整和缓慢增长阶段。中华人民共和国成立初期，由于长江三角洲地区具备良好的产业和市场基础，得到了国家计划性政策倾斜。也正是由于受到计划经济体制影响较深，在改革开放后造成长江三角洲地区制度创新体制机制障碍和阻力较大，制度创新成本较高，因此，在这一阶段长江三角洲地区并未形成大规模的制度创新，只是通过边际调整的方式逐渐引入市场化改革。这一阶段，由于国家政策环境变化等因素的影响，江苏和浙江两省涌现出大量的乡镇企业和城乡个体、私营企业，并迅速成长起来，成为长江三角洲地区经济增长的主要推动力，也推动了长江三角洲地区市场化和工业化的进程。根据统计，1978~1991年，上海市GDP年均增长率为7.46%，在全国31个省市自治区中排名倒数第一，逐渐失去了长江三角洲地区的龙头地位，浙江和江苏两省的GDP年均增长率分别为12.35%和10.93%，高于全国平均水平，但由于上海经济总量较大，因此长江三角洲地区总体经济增长水平低于全国平均水平，且在全国的经济总量比重也从1978年的15%下降至1990年的13%。①

第二阶段为20世纪90年代初至今的经济和制度创新快速发展阶段。这一阶段，上海市利用国家开发浦东新区的契机，借助国家给予的一系列优惠政策，推动了国有企业改革、要素市场改革和政府职能转变，体制机制性障碍逐步得以清除，经济得以快速增长。苏南地区的乡镇企业进行了大规模产权改革，现代企业制度进一步建立，形成了大批产权明晰的私有企业，有限责任公司和股份有限公司，推动企业科学发展和不断壮大，浙江民营企业也结合经济发展形势和自身发展特点，不断进行创新，带动经济加速发展。这一阶段受国家进一步开放南京等6个沿江港口城市等政策影响，长江三角洲地区的外向型经济得以快速发展，浦东新区的全面开放、苏州新加坡工业园区以及昆山、吴江等地台资工业园区的先后崛起等加速推进了长江三角洲地区外向型经济的转

---

① 资料来源：国家数据网站http：//data.stats.gov.cn/index.htm，笔者查阅整理。

型。随着经济的持续快速发展，上海也逐渐恢复了其在长江三角洲地区的龙头地位，区域间的协调融合发展也在不断推进和深化，上海逐渐放弃低端制造业等领域，向高端制造业和服务业转型，其他省份和地区结合自身实际，调整发展战略，积极承接上海的产业转移，并为上海的发展提供支持和保障，长江三角洲地区的经济结构、市场体系、基础设施、城市布局和分工合作逐渐优化，区域间的协同发展日益程度和完善，国际化程度提高到较高水平，经济发展水平也得以快速提升。

（二）制度创新的特点及经验

结合长江三角洲地区经济发展和制度创新的历程，可以看出，其除了借助国家发展战略及优惠政策等有利因素外，结合自身特点开展行之有效的制度创新也是其得以快速发展的重要原因，制度创新的特点主要包括以下几个方面。

（1）强政府、强市场、强企业。同东北老工业基地一样，长江三角洲地区也是受计划经济体制影响较深的地区之一，在从计划经济体制向社会主义市场经济体制转型过程中，体制机制的阻碍较大。长江三角洲地区地方政府作为制度的主要供给者，在消除体制机制障碍，推进国有企业改革、市场化进程和为乡镇企业和城乡个体、私营企业提供制度环境等方面，起到了决定性的主导作用；资本市场、技术市场、劳动力市场等在长江三角洲地区发展中发挥了重要作用；企业在各项政策的扶持和引导下，不断做大做强，并逐渐形成国际竞争力。在政府、市场和企业的三重推动下，长江三角洲地区的市场化程度也逐渐达到了较高水平。

（2）渐进性和整体性。长江三角洲地区受计划经济体制影响较深的历史因素，决定了制度创新的渐进性特点，在面对较大的体制机制障碍和制度创新成本的情况下，采取渐进式的改革方式更加符合自身实际。从长江三角洲地区的发展历程来看，在改革开放初期，各地区主要以各自发展为主，随着经济发展水平的不断提高和制度创新的进一步完善，区域协调合作机制不断完善，区域一体化水平不断提高，逐渐形成了以上海为龙头的协同、整体发展特点。

（3）强制性和诱致性创新共存。长江三角洲地区强制性制度创新主要表现在破除体制机制障碍过程中，在国家政策的指导下，地方政府采取一系列政策措施推进国有企业改革和要素市场改革等方面。诱致性制度创新主要表现在发展体制外经济过程中，随着体制外经济的不断壮大，进而促进了政府职能的转变和市场化水平的提高。

## 二、珠江三角洲地区制度创新的经验总结

### （一）制度创新历程

珠江三角洲地区最早是由广东省政府在1994年正式确立，拥有独特的区位优势，是我国最早的对外开放地区之一。当前，珠江三角洲地区已经是具有全球影响力的先进制造业基地和现代服务业基地，是我国人口集聚最多、创新能力最强、综合实力最强的城市群之一。改革开放后，尤其是1984年"邓小平南方视察"之后，广州与其他国内13个沿海城市进一步被确立为对外开放的试点和窗口，拥有特殊地理位置的珠江三角洲地区外向型的经济发展模式正式被确立。珠江三角洲地区的改革也逐渐从局部转向全面，由农业转向工业，由农村转向城市，迅速开始了一系列以社会主义市场经济为目标的经济体制改革，在对为数不多的国有企业进行快速体制机制改革的同时，大力发展商品经济，鼓励并支持乡镇企业、个体私营经济和"三资"企业快速发展，经济发展水平迅速提高，在经济持续快速发展的过程中，珠江三角洲地区的改革开放也进一步深化，引进外资和民营经济发展进一步加速，基础设施建设进一步加快，高新技术产业得到进一步发展。随着中国香港、中国澳门的回归和中国加入世界贸易组织（WTO）等因素的影响，珠江三角洲地区进行了新一轮的产业结构调整，确立了以高新技术产业和现代服务业为主导的经济发展模式，兴建了大量的各类工业园区，并为创新创业营造了良好的发展环境和空间，并进而成为具有全球影响力的先进制造业和现代服务业基地。

## （二）制度创新的特点及经验

珠江三角洲地区制度创新的特点和经验主要有以下几个方面。

（1）强市场、强企业、服务型政府。由于特殊的地理位置，计划经济时期，珠江三角洲地区的国有经济比重较低，在国家实施对外开放发展战略的情况下，珠江三角洲地区的经济体制转型较快，市场化水平较高。改革开放后，在国家的政策倾斜和外资不断进入的情况下，以及政府为企业提供了十分有利的发展环境，珠江三角洲地区的企业得以迅速发展，并不断做大做强。充分利用了深圳的证券市场、广州、深圳的技术市场和发达的劳动力市场的作用。政府在推进职能转变的过程中目标也非常明确，较好地实现了向服务型政府的转变。

（2）制度创新具有连续性和诱致性。与其他地区在制度创新中遇到一定的体制机制障碍不同，珠江三角洲地区由于受到计划经济体制影响较弱，受到的体制机制阻力较小，制度创新具有较强的连续性。珠江三角洲地区的发展过程中，由于政府职能的切实转变，企业和市场在发展过程中，制度的创新主要以自发性为主，诱致性制度创新特点较为明显。

（3）现代企业制度的广泛建立。珠江三角洲地区发展初期大量存在企业产权混乱，权责不明，政企不分的现象。为了解决企业的种种乱象，珠江三角洲地区开始了对现代企业制度的探索。1992年广东出台了《股份有限公司规范意见》和《有限责任公司规范意见》，在珠江三角洲地区全面推进现代企业制度的建立。从1993年起，珠江三角洲地区的地方政府广泛采用股份合作制、股份制、拍卖、出让股权、租赁与承包经营、赎买等多种形式的产权制度改革，加大力度整改企业产权不明的现象。现代企业制度的广泛建立，为珠江三角洲地区的经济发展打下了坚实的基础。

（4）以外向型、创新性为特点的进出口结构和产业结构布局。当今世界，经济全球化和区域经济一体化高速发展，这对于以"外向型"经济为主要特征的珠江三角洲地区来说，既是机遇，又是挑战。要想在当前的经济环境下实现更深层次的开放改革，就必须不断实现产业的转型升级，提高产品的附加值，向全球价值链的高端发展。为了实现这个目标，需要地区对其产业布局和发展进行科学合理有预见性的规划。2010年7月广东省政府公布《珠江三角洲产业布局一体化规划（2009~2020年）》（以下简称《规划》），为珠江三角地区占领高端发展地位，建设自主创新高地，形成强效的核心竞争力做出科学规划。该《规划》对传统优势产业、先进制造业、战略性新兴产业与高技术产业、现代农业和现代服务业的未来发展计划做出比较详尽的部署与安排，做出了具体的产业布局与保障措施，对珠江三角洲地区经济发展产生了重要的影响。2001年，在"入世"对珠江三角洲地区（尤其是深圳）提出挑战的情况下，深圳开始实现向创新型城市的转变，在很大程度上推动了该地区由要素驱动向创新驱动、由出口导向向国内市场转变的进程，从而进一步推动了珠江三角洲地区的发展。

综合发达国家老工业地区和国内发达地区的改造和发展经验，其各自的改革发展路径和采用的政策措施不尽相同，但其共同点都是利用国家的重大战略举措，抓住政策机遇，并结合自身的实际情况进行一系列的制度创新，建立健全符合自身发展特点的制度安排，推动自身的快速转型和发展。当前，东北老工业基地正面临着国家全面振兴东北老工业基地重大战略机遇期，能否抓住这一机遇，结合自身实际，开展全方位、行之有效的制度创新，将成为东北老工业基地摆脱发展困境，顺利实现全面振兴的关键。

# 第八章

# 东北老工业基地制度创新的政策建议

## 第一节 推动东北老工业基地企业制度创新

### 一、发展完善企业产权制度

(一) 加快推进国资国企改革

东北老工业基地制度创新首先应抓住企业制度创新这一关键因素。而国企改革与国资改革密不可分,从某种意义上,国资改革制约或影响着国企改革。因此,东北老工业基地要根据党中央、国务院的统一部署,结合东北老工业基地实际情况,加快推进国资国企改革进程。

(1) 深化国有资产管理体制改革。一是国有资产管理部门职能转变。进一步下放审批权,精简审批核准备案事项。减少对企业经营管理的行政干预,依法明确企业的市场主体地位,确立企业自主经营决策权,由管人管事管资产向管资本为主转变,将工作重点放在合理安排国有资本布局、监管资本运作等方面,确保国有资本保值增值;二是国有资产分类改革。在对国有资产进行登记调查的基础上，对于资产规模较大质量较好的国有企业，以其为主体对其他同类企业进行兼并重组，对于提供准公共物品的企业，保持现行体制不变，而对于效益较差或"僵尸企业"，应及时进行清理、注销和关闭处理；三是组建国有资本运营和投资公司。通过划转商业类国有企业股权或对具有一定条件的国有企业进行改组等国有资本注资的方式，组建国有资本运营和投资公司，确立公司的主体地位并明确公司的职责，明确国有资本投资、运营公司授权的内容、范围和方式，依法落实国有资本投资、运营公司董事会职权。将新投资、民生基建及金融股权集中到国有资本投资公司，逐步将其他产业类股权集中到国有资本运营公司。并形成有效的监管机制，充分落实公司的国有资本运营和投资职能，促进产融结合；四是规范资本运作，防止国有资产流失。要把精简监管事项同完善法人治理结构结合起来。健全国企财务预决算、运营状况监测分析等基础管理制度；加强清产核资、资产评估、产权流转和上市公司国有股权管理等事项的管理；加强国有资本投资运营平台建设，探索投资融资、股权运作、资本整合、价值管理的市场化运作机制与方式。同时，根据中央深改组第三十次会议通过的《关于深化国有企业和国有资本审计监督的若干意见》，健全完善相关审计制度，让制度管企业、管干部、管资本。国企国资走到哪里，审计监督就要跟进到哪里，不能留死角。加强和改进党对国企的领导，完善企业内部监督体系，坚持出资人管理与监督的有机统一，整合各方监督力量，建立监督工作会商机制，提升监督效能。

（2）优化国有资本布局。一是做大做强做优国有企业。国有资本逐步向石油石化、钢铁、汽车等能源、原材料、基础设施行业集中，不断增强国有企业竞争力。对处于一般竞争性行业的国有企业，积极鼓励战略投资者参与改组改造，通过出售、兼并、重组、股份化等多种适宜的形式，进行股份制改造或实施民营化，以集中精力做大做强做优优势企业，放开搞活中小型、竞争型企业。二是培育壮大战略性新兴产业。重点发展机器人及智能制造、高档数控机床、高端装备制造、航空、高铁、新一代信息技术、卫星应用、生物医药、新材料、新能源节能环保等产业,使国企在战略性新兴产业中起到基础创新、科技应用的核心和引领作用。三是加快发展现代服务业。着手推动生产性服务业向专业化和价值链高端延伸、生活性服务业向精细化和高品质发展。加快发展总部经济、金融服务、现代物流、科技服务、新兴信息技术服务、电子商务、文化创意和设计服务等生产性服务业;以及商贸、健康、养老、家庭、文化、旅游、体育和教育培训等生活性服务业。

(3)实现股权多元化。一是推进国有资本与社会资本对接。通过搭建对接平台,设立不同所有制企业资本对接试点,完善常态化对接机制,鼓励不同所有制企业间相互持股,除承担国家政策性职能、特许专营等极少数国有企业外,其他国有企业均可实施资本混合,国有资本持股比例不设下限,二级及以下竞争性国有企业基本成为混合所有制企业。在引进战略投资者过程中,应特别注重引进有丰富行业资源和运营经验的专业型投资者加入,以提升混合所有制企业运营能力;二是推进员工持股制。美国500强企业中,九成实行员工持股计划,比未实行的企业劳动生产率高1/3,利润高50%,员工收入高25%~60%。应积极借鉴国内外成功经验,认真制定员工持股计划和方案,重点实施管理层和骨干员工持股计划。可参考物产中大混改经验,形成由法人股东、职工持股会、自然人、社会法人股出资组建的投资主体多元化的现代企业制度公司。其中职工持股会包括经营层、技术骨干和其他职工,在普通股中占较大份额,这样非常有利于吸引自然人、社会法人股东进入投资。特别是对于软件等高科技行业的核心研发团队,应大力推进核心团队持股模式。对于引进高科技产品,可以以专利、科技产品等作价方式入股,以吸引研发团队加入;三是推进国有资产证券化。积极推进有条件的国有企业整体上市,利用资本市场实现国有企业股权多元化。

(4)推进央地融合。一是推动央地企业交叉持股。央地企业交叉持股,既能够扩大东北地区民营企业的经营领域,激发民营经济发展活力;又能够深化国有企业改革,建立现代经营管理机制,提升驻省央企经营效率。在具体实施过程中,东北地区应该采取以增量激活存量,在新增投资领域,引入多元化资本,在存量资产上,理顺权属关系,有目标分步骤的渐进式改革体制，稳步推进央地企业融合发展；二是创新央企经营管理机制。央企高度集中化的垂直管理体制，在生产运营上，扭曲了市场配置资源的机制，阻碍驻省央企与地方进行合作共赢项目的开展；在经营管理上，驻省央企的绩效考核机制与晋升路径决定管理层的短期行为，很难针对地方发展形成较长期的发展规划。因此，尝试建立垂直管理与属地管理相结合的决策体制，把决策权适度下移，给予驻省央企更多的经营自由；缩小经营核算单位，科学构建绩效考评机制，激发驻省央企根据地方发展优势开展项目合作的经营动力；三是改革现行的央企税收及财政补偿机制。现行的税收制度，决定了央企对地方财政的贡献微乎其微，但实际的生产经营占用了大量的地方资源。这从客观上决定了央企的发展对于地方经济是成本大于收益。同时，在东北地区的央企大多集中于资源开采和初级产品加工领域，对于当地经济社会发展造成了很大的隐性成本。因此，应建立以绿色经济为基础的税收征管和返还体制，加大对东北地区资源耗竭和环境破坏以及央企分离办社会职能改革的财政专项补贴，以此平衡央企在地方生产经营对当地经济造成的成本负担；四是推动央地项目合作，带动产业结构转型升级。央企资本雄厚，自封闭式产业链发展，既制约了当地配套产业发展的同时也限制了其自身核心竞争力的培育。过去，中央企业在东北投资主要集中在重工业领域，投资结构固化了东北地区的产业结构。因此，在吸引央企投资时，应结合东北经济的比较优势和地区产业发展规划，吸引具有带动产业结构转型和升级的央地合作项目。同时，以中央企业核心产业为主导，放开上下游产业，积极开展与地方企业产业配套生产，构建特色产业园区，并以此为契机优化产业结构，促进东北地区产业结构升级，央企具有强大的创新体系和创新机制。在构建创新驱动经济增长的新一轮东北振兴中，东北地区应充分利用驻省央企的创新平台，整合资源，节约创新成本，实现基础性科研资源的互利共享。在成果转化上，加强与央企所属高校、科研院所合作，加快产学研联动创新，培育适合创新发展的人才，实现创新成果的高效转化。同时，东北地区借助央企创新发展的经验，共同构建创新发展的体制机制，从根本上实现创新驱动经济发展。

（5）彻底剥离企业办社会职能。一是建立机制降低改革成本。创新改革成本的分摊机制，对于中央企业剥离办社会职能改革，建立中央与地方共同分担改革成本的体制。目前，国资委在"三供一业"分离试点改革中采取了"中央政府和央企总部出大头、地方企业和地方政府出小头"的成本分担机制，这有效调动了地方和企业参与央企剥离社会职能改革的积极性。对于地方性国企改革成本的分担问题，地方政府作为地方国企资本经营收益和股权转让收益的获得者，应该在财政中设立支付改革成本的专项资金。同时，充分调动各方资金参与改革，分担成本，分享收益。比如，推进企业内部管理层和员工出资参与体制改革；积极利用资本市场的融资渠道，稳步推进国有资本证券化；还应尝试吸引社会投资者，既包括民营企业也包括个人和外商投资企业，对于国企办社会可能是负担，但对其他企业来说却是好的资产；二是分类改革分步推进。国企办社会职能按照内容可以划分为政府事务类、职工生活服务类和社会公益类。国企承担的教育、消防和退休人员社保的职能属于政府事务类职能，要进行彻底分离；对职工生活服务类职能，包括企业后勤部门提供的食堂、浴室等，这类职能可以由企业自主决定是否保留或分离，各级国资委加强管理监督。对社会公益类职能，如公共交通、道路建设及维护、居民区"三供一业"、社区环卫等市政建设类职能，视地区发展和承接企业条件确定是否分离。对于一些暂无能力承接分离企业办社会职能的地区，如边远矿区等，中央和地方政府要努力创造条件，统筹推进分离国企办社会职能与旧城改造、城镇化建设协调发展，分步推进；三是以市场化为导向。所谓坚持市场化方向，就是解决国企办社会问题不能是政府指令式的"一刀切"，而是要充分发挥市场竞争机制选择移交企业、制定移交费用，移交过程遵循各方利益最优的原则，做到公开透明。所谓以企业为主体，充分尊重企业经营决策权，对于经济效益好的企业、允许企业继续经营，但要加强监督和成本考核，提高经营效率；对于企业有意愿移交而地方又有能力承接的，要妥善处理好各方利益，确保移交工作的市场化原则；对于企业愿意移交而地方没有能力承接的，要创造条件，结合地方规划、城镇化建设同步推进。

(二) 大力扶持非公有制经济

(1) 完善产权保护和流转制度。一是及时出台关于产权保护的制度和地方法规，对各种所有制经济的产权和合法利益进行有效维护，确保各种所有制经济能够依法平等的使用生产要素，公开公平公正地参与市场竞争、合法利益不受侵害；二是逐步建立和完善多样化、现代化、规范化的区域产权交易市场，为各类产权主体提供以产权有偿转让为内容的交易场所或平台，包括产权交易所、资产调剂市场、承包市场或租赁市场，等等。同时，坚持公开、公平、公正的原则规范产权交易程序，避免各类产权主体在产权交易过程中受到侵害。

(2) 提供政策制度支持。一是为非公有制经济发展创造良好的外部环境。建立健全法治环境，努力建设法制化政府、法制化城市和法制化社会，减少诉讼成本；规范政策环境，认真清理各种过时的政策、条例和规定，着手研究适应市场经济发展的新政策，减少摩擦成本；优化执法环境，避免以罚代法、以罚代管、随意执法、粗暴执法，减少办事成本；完善投资环境，加强软硬件建设，尽量减少企业投资的直接成本；健康人文环境，让企业排除各种干扰，一心一意干事业；二是提供有力的政策支持。放宽市场准入，为非公有制经济的进入提供更加宽松的条件，给予非公有制经济国民待遇；减少审批程序，加快推行"一站式"审批手续办理，为企业的建立和发展提供便利条件。

(3) 推进混合所有制和发展公司合作伙伴关系（PPP）。一是混合所有制经济有利于国有资本放大功能、保值增值、提高竞争力，有利于各种所有制资本取长补短、相互促进、共同发展，非公有制经济可通过购买国有企业部分垄断性业务或资产的方式，也可以通过资本市场采取购买股票、企业债券、认购产业投资基金以及参与企业资产证券化等融资项目，参与国有企业的战略性重组和结构优化调整。二是通过发展公司合作伙伴关系（PPP）有效提高企业运营效率并优化运营服务水平，按照国家的相关规定和要求，在道路、交通、通信等基础设施建设和营运中，大力推进 PPP 项目模式的发展，吸引非公有制经济进入。

## 二、建立健全现代企业制度

（一）加快企业组织形式转变

当前，东北老工业基地大部分国有大中型企业已经完成公司制改造，但仍有一些企业尚未完成股改，并且已经完成公司制改造的企业中，还有很多企业并未实现真正意义上的公司制，产权不清、权责不明、政企不分、管理落后的情况仍然存在，这也极大地影响了东北老工业基地国有企业的发展，应大力推进现代企业制度的发展，加快企业组织形式转变。

（1）进一步推进国有企业公司制的建立和完善。东北老工业基地国有企业，应在坚持公有制为主体的原则基础上，理顺国有企业产权关系，处理好国家所有权与企业法人财产权的关系，确定企业独立的财产权，建立国有资产监督机构，对国有资产实行国家所有、分级管理、授权经营、分工监督的国有资产管理机制。政府及相关部门不得直接经营或随意干预企业经营决策，去除国有企业行政化，严格实行所有权与经营权相分离，从而激发国有企业活力，提高国有企业效益。

（2）完善公司法人治理结构。进一步理顺"新三会"与"老三会"的关系，按照法定程序，积极推进"新三会"与"老三会"的"双向进入"和"交叉任职"，实现科学管理、民主决策和有效监督。具体来讲，一是推行高管契约化管理。以聘任制、任期制和经营目标责任制为主要内容，逐步对企业经营管理人员实行契约化管理。除个别企业外，经理层人员由董事会按程序聘任，实行契约化管理，不再纳入各级党委或国资委管理。条件成熟的企业，可探索授权董事会按市场化方式选聘 1~2 名职业经理人担任高管副职，设定过渡期，逐步过渡到全部经理人由市场化方式选聘，薪酬按照市场化方式确定，严格目标责任制，真正做到能进能出、能上能下。二是加强企业领导人员分类管理。可参考上海的做法，竞争类企业积极推进以外部董事占多数的董事会建设，强化董事会专门委员会功能，董事长为法定代表人，原则上兼任党委书记，与总经理分设。在功能类和公共服务类企业中，国有多元投资企业原则上由董事长为法定代表人，经法定程序，兼任总经理，与党委书记分设；国有独资企业设一名执行董事任法定代表人兼总经理，与党委书记分设。履行出资人职责的机构（国资委）委派或推荐监事会主席和外派监事，与企业内部监事组成监事会。对于功能类和公共服务类企业，将外派财务总监。三是加强企业领导人员分类考核。根据不同类型国企，细化考核项目内容：竞争类企业重点考核企业经济效益，将负责人薪酬、奖励与业绩挂钩，并采用期股期权等激励。公共服务类企业侧重以确保城市正常运营，实现社会效益为重点，合理确定企业运营目标，负责人薪酬、奖励与目标完成情况挂钩。功能类企业重点考核功能作用、运营能力，负责人薪酬、奖励参考上述两类企业确定，形成有效激励。四是落实董事会职权，减少行政审批、下放权力。在完善董事会、监事会结构，建立规范的现代企业治理制度基础上，赋予企业更多自主权，实现"管好国有资本，放活所投资企业"的目标。争取外部董事占40%~50%，加大专门委员会的权限和工作半径。可参考国家开发投资公司的做法，将国企分为充分授权、部分授权、优化管理三类。对公司经营业绩良好、外部监管到位、内部管理相对规范的企业，列入充分授权行列：将《公司法》规定的各项权利，除体现股东权利及职责、有外部监管要求和需要加强的事项外，将人力资源管理、薪酬激励、部分融资管理等应由企业自主经营决策的事项归于企业；将投资、部分产权管理和重大事项决策等部分出资人权利，授权企业董事会行使。对于部分授权企业，重在推动其建立独立市场主体地位，提升内部管理水平；对于第三类企业，重在明确发展定位方向，调整结构、加强管理、提升竞争力。授权内容有放有收：对股东法定权利、企业社会责任有明确监管要求的，保留审批权；出于加强战略及财务管控需求，对于公司章程管理、基本制度建设、直接融资、资金集中等事项，强化审核，加强监管。五是深化企业内部三项制度改革。加快推进垄断行业的市场化改革，进一步厘清企业的非市场业务，完善经营市场化。加强劳动合同管理，在尊重历史的基础上，采取多种形式进行不同身份的价值补偿，逐步消灭职工身份差异，推进企业内部管理市场化。多途径推进一级企业股权多元化改革，推行国有企业治理的商业化机制，建立更加市场化的企业领导人管理体制，实现国企管理体制市场化。促进国有企业成为完全的市场主体，使劳动用工、人事和分配等三项制度改革真正落到实处。

（二）实行企业体制机制性创新

（1）企业激励制度创新。企业激励制度是激发企业内在效率的重要一环，是企业充分发挥人力资本内在潜能、促进企业成长能力提高的重要途径。面对东北老工业基地企业激励制度存在的各种问题，需要通过企业激励制度创新加以解决。企业激励制度创新应秉承"以人为本"的理念，建立公平、公正的绩效评价制度，为员工提供学习和晋升的机会，激发员工的荣誉感、信赖感和归属感，充分调动员工的积极性、主动性和创造性，培养员工对企业的忠诚。应遏制一些国有企业中存在的经理层薪酬过高现象，保证激励的有效性和公平性。民营企业应积极采取股权、期权、分红等高能激励制度，激发员工工作的积极性。

（2）企业决策制度创新。企业生产经营的相关决策制定是否科学合理，将直接影响企业发展。东北老工业基地国有和民营企业应杜绝"一言堂"等随意性的决策机制。要严格遵循现代企业制度，建立起由股东大会、董事会、监事会、经理层构成的既相互依赖、又相互制衡的治理结构，彻底改变领导体制上权责不清的状况，建立和完善科学合理的决策制度。

（3）企业文化创新。企业文化是现代企业制度的重要组成部分，优秀的企业文化对企业起着重要的指导和支撑作用。面对东北老工业基地企业文化发展严重滞后的现状，应大力推动企业文化创新，使之与企业的长远发展相适应，推动企业不断做大做强。结合东北老工业基地企业文化创新的实际，一是要建设创新的企业文化。在知识经济时代，企业只有不断创新才能保持活力和实现可持续发展。应努力打造创新的企业文化，并得到企业全体人员的认同，以激励员工的创新意识，获得创新成果，从而在激烈的市场竞争中立于不败之地；二是要培育诚信的企业文化。在企业价值观、产品质量、售后服务、宣传广告、日常管理等各个环节体现诚信文化，将诚信作为企业的立身之本；三是要打造特色的企业文化。企业文化作为企业发展活的灵魂，应该与企业性质、发展历史、员工状况等具体条件相适应，并不存在完全一样的两种企业文化，而要结合企业实际，创造性地选择适合企业发展的文化形态及内容，以推动企业制度创新，提升企业软实力。

## 第二节 推进东北老工业基地市场制度创新

### 一、完善要素市场

（1）培育劳动力市场。一是统筹城乡劳动力市场。制定相关政策法规，对农村劳动力转移提供便利条件，取消就业准入、就业登记等人为障碍，实现在城乡劳动力就业中享受同等就业服务和劳动待遇，严厉整治不合理收费，建立现代化就业信息平台，并提供劳动力就业法律保障，维护从业者合法权益；二是消除结构性失业。提供资金及政策扶持，积极建立与市场需求接轨的劳动技能培训部门，为衰退产业失业工人提供再就业补助、技能培训补助，并有针对性的为失业人员提供就业服务信息，拓宽就业渠道，为劳动力异地就业提供相应的待遇和补贴，促进劳动力合理流动。

（2）发展多层次资本市场。一是鼓励域外金融机构进入东北地区，降低进入门槛，并为其进入提供政策扶持，降低进入成本，并积极鼓励各类金融机构开发创新金融产品，从而引入竞争机制；二是通过政府奖励、补贴等方式，鼓励企业通过上市、发行企业债券等形式，有效利用资本市场进行融资,从而做大做强;三是构建多层次资本市场。增强与国内主板市场、创业板市场、"新三板"市场开展业务对接能力和水平,推进区域股权市场发展,多渠道推动股权融资、债权融资、基础设施建设项目融资;四是发展"大金融"、市场金融。大力发展金融保险业、证券业、期货业和基金业,积极发展新型金融机构和其他贷款类机构,加快发展金融中介机构等。

(3)健全土地市场。一是建立健全土地征用制度。对征用土地的用途严格把关,对土地使用效率严格监督,鼓励并支持合理的土地流转和使用,为土地流转提供相应的配套条件和服务,建立健全失地农民保障机制;二是严格控制地产开发用地数量和规模。由于东北地区的地产开发用地数量较大,地产利用率不高,且在地产开发过程中农用耕地流失严重,因此在审批地产开发用地时,要进行严格把关,并进行总量控制。

(4)发展技术市场。一是提高技术交易的市场化水平。鼓励高校和科研院所开发以市场为导向的科技成果,更多投入市场型和生产型科研成果的研发,并激励国有企业引进高新技术改造传统生产技术,提高生产效率,并通过购买专利等生产高科技产品,从而增加对科技成果的有效需求;二是鼓励并扶持技术中介机构的建立和发展。积极引导民间资本进入技术中介机构领域,改变以政府为主导的发展模式,另外,还要积极为技术中介机构从业人员提供专业培训,使技术中介服务更加专业化。

## 二、规范商品市场

(1)协调城乡、区域市场体系发展。当前,东北老工业基地还存在城乡、区域市场体系发展不均衡等问题。应在完善城镇和相对发达地区市场化建设的同时,加大投入力度重点扶持农村和落后地区的市场化发展,改变农村和落后地区市场化水平落后的局面,协调城乡、区域市场体系发展,推动城乡和区域商品市场一体化建设,运用现代信息化技术，完善市场信息化建设，改变信息不对称问题，完善商品流通机制，通过实现城乡、区域市场的协调发展，带动东北老工业基地的全面振兴。

（2）打破市场垄断。在经济结构调整和国有企业改造不断深化的过程中，东北老工业基地的商品市场垄断现象得到有效的改变，但由于东北老工业基地的经济结构等原因，部分商品的生产，还存在着国有资本和国有企业处于垄断地位的情况。东北老工业基地应该在具有竞争性特点的行业和领域，打破行业垄断，引入非公有制经济主体参与竞争，通过市场制度创新，制定相关法律法规，充分保障各经济主体的合法权益，充分发挥竞争性市场效率，激发市场活力，从而解决由垄断带来的服务价格高、服务态度差和工作效率低下等问题。

（3）合理布局生产资料市场。一是通过科学规划和有效协调，从地区条件和经济发展水平的实际出发，建立与实际相符的市场规模，并杜绝重复建设、过于集中等资源浪费问题；二是建立现代化的交易方式。随着科技的不断发展，尤其是网络的普及和发达，现代化的交易方式已经逐渐成为市场的主要交易方式，应充分利用电子商务、网络交易平台等现代化交易方式，推进生产资料的合理配置和利用效率。

## 三、培育市场中介组织

（1）建立健全市场中介组织法律法规。建立健全市场中介组织法律法规体系，对市场中介组织的发展至关重要。当前我国关于市场中介组织的法律法规体系尚不健全。应借鉴国外经验，并结合我国国情和行业特点，逐步、制定和形成配套的、不同层次的法律法规体系，用法律形式明确中介组织的性质、宗旨、地位、组成方式、经费来源、权利和义务等，用法律法规合理规范市场中介组织，依据法律法规对其进行规范、引导和监督，使中介组织的运行和管理尽快走上法制化的轨道。

（2）规划市场中介组织的发展。市场中介组织的形成和发展，要以社会经济发展的需要为前提。要合理规划市场中介组织的发展，建立健全相关规章制度，优化市场中介组织布局。应加大力度引导和扶持高技术和高资本市场中介组织的建立和发展，要优先、重点发展市场经济发展关系较为密切的中介组织，如会计师事务所、审计事务所、律师事务所、职业介绍所、资产评估事务所等，要对低端市场中介组织设定合理的准入标准，规范经营行为，杜绝低素质、低水平市场中介组织设立。同时，从实际出发，对现已存在的市场中介组织进行改造和优化，做到改造与新建同时并举。另外，为加速我国市场中介组织的发展，有计划地引进港澳及海外的某些中介组织到内地设立分部开展业务。这样，既有利于加快内地中介组织发展的步伐，又有利于我们借鉴境外市场中介组织的先进技术和管理经验。

（3）明晰市场中介组织的地位。明晰市场中介组织"第三方"的独立地位，是充分发挥市场中介组织职能和作用的前提条件。通过建立健全相关法律法规，确保市场中介组织的正常经营活动不受其他组织或个人，尤其是政府及相关行政部门干预，保证市场中介组织的独立性不受侵害。转变政府职能，明确政府的服务和监管权限，正确区分市场监管和企业运营之间的界限，不能直接或间接的从事市场经营活动，不能从市场中介组织的经营活动中谋取自身具体利益。政府应实现由唱主角到当配角、由包办到协办的角色转换，政府应当担负维护良好的市场秩序，消除不正当竞争，建设统一、开放、竞争、有序的现代市场经济体系的责任。为中介组织的合理定位和独立运作创造良好的社会经济环境。政府要加强中介组织的监管，制定适合各类中介组织发展的政策和法规，并监督其执行，政府监管还应包括对中介组织及其构成人员的资格进行审核和确认等。

（4）加强市场中介组织行业自律。强化市场中介组织的行业自律建设，充分发挥市场中介组织行业协会作用。中介机构中尚未建立行业协会的，要抓紧做好筹备工作，尽快成立行业协会，对经济上尚不能自立的协会，可以考虑由政府财政给予一定的资助，对虽有行业协会但其机构、人员、职能不全的，要抓紧调整充实。中介机构行业协会要严格按照相关法律、法规，结合本行业特点，健全行业规章制度，特别是要充实"惩戒条例",对违规、违纪者进行相应处罚。设立行业协会监督机构,形成政府、社会、行业协会监督机构共同监管的监督机制。加强和完善从业人员的培训机制,坚持先培训、后上岗,提高专业人员和整个中介组织的素质,培养一批过硬的专家队伍,以保证提供优良的服务;在提高业务素质的同时,加强职业道德教育,提高整个队伍的政治思想素质,端正服务态度,切实纠正行业的不规范行为。逐步建立起中介组织内部的激励机制、竞争机制和约束机制,实行人才的合理流动,优胜劣汰。

(5)完善市场中介组织内部管理制度。首先,完善市场中介组织的内部控制制度。形成业务人员、部门负责人员、机构负责人员共同参与的、多级别、多层次的有效控制制度。严格按照相关法律法规和行业准则的要求,进一步提高业务质量。其次,完善市场中介组织执业行为记录制度。中介服务机构及其从业人员对外提供的服务一般缺少物化的载体。如果市场中介组织不对服务行为进行必要的记录,将会使得外部人员事后对这些行为进行评价变得非常困难。特别是在违法违规案件的查处过程中,监管部门收集线索,调取证据几乎不太现实。在法律上要求市场中介组织建立健全执业行为记录制度,做好对每一项具体业务的全程记录,收集、整理和保存包括委托书、服务合同、收费凭据、工作底稿、工作报告在内的全部资料,一方面可以解决行政监管过程中的"取证难"问题,另一方面也可以实现行政执法成本的合理转移。

## 第三节 推进东北老工业基地地方政府制度创新

### 一、切实转变地方政府职能

(1)在公共物品和公共服务方面。完善公共物品和公共服务的供给,是建设服务型政府的重要组成部分,也是市场经济建设的本质要求。东北老工业基地在公共物品和公共服务供给方面，虽然已经取得重要进展，但总体水平仍然偏低、发展不平衡、体系机制还不够健全。在提升东北老工业基地公共物品和公共服务供给方面，首先应按照其"非竞争性"和"非排他性"的特点，对公共物品公共服务和准公共物品公共服务进行清晰界定。对于纯公共物品公共服务，政府应当加大投入和管理力度，以满足各社会主体的需求。对于准公共物品公共服务，应当积极探索市场化途径，通过特许经营、合同外包等方式，加大政府购买力度，转变政府作为供给主体的地位。另外，还要积极推进公共物品和公共服务均等化发展，统筹城乡、区域间公共物品和公共服务的供给水平，加大落后地区的投入力度，切实发挥地方政府公共物品和公共服务的监管作用，保障公共物品和公共服务得到有效利用和维护。

（2）在地方宏观调控方面。地方调控的有效性，直接关系到区域经济发展水平和区域经济能否实现可持续发展。结合东北老工业基地的现实情况，东北老工业基地地方政府应在保证市场经济体制为主体地位的前提下，切实开展有效的宏观调控，推动东北老工业基地全面振兴。一是统筹区域协调发展方面。应结合各地区尤其是落后地区实际情况，制定符合本地区发展的政策措施，加大落后地区的政策资金扶持力度，在加快各地区经济发展的同时，不断缩小各地区发展差距；二是市场调节方面。东北老工业基地地方政府，应当制定相关政策措施，建立健全市场经济体制，充分发挥市场在资源配置方面的作用。在竞争性行业，要打破市场垄断，放宽市场准入和降低进入门槛，进一步放开民营资本和外资的进入限制，保障非公有经济的公平竞争地位和合法权益，建立健全市场监管制度，形成有效的市场监管体系，构建市场诚信规则，充分激发市场活力；三是结构性调整和国企改革方面。东北老工业基地的结构性调整和国有企业改革具有十分重要的战略意义，单纯依靠市场经济制度的调节难以在短时间内实现和完成，需要地方政府按照中央和国家的重大战略部署，结合自身实际，提出合理的解决方案和制定相关政策措施。在结构性调整上，要坚持多策并举，"加减乘除"一起做，全面推进经济结构优化升级，充分发挥装备制造等产业的优势，加大力度培育新产业新业态，积极鼓励创新创业，重点发展以生产性服务业为重点的现代服务业，加快现代化大农业的进一步发展等。在国企改革方面，要深化国有企业产权制度改革和创新，实现国有企业产权多元化，并着力完善和推进国有企业现代企业制度的建立和发展，形成有效的激励机制、决策机制和现代企业文化的建立，促进国有企业健康发展，提高自身竞争力，更好地适应市场经济体制，实现国有资本的保值增值，并带动东北老工业基地快速发展。

（3）在保障和改善民生方面。东北老工业基地地方政府，应在中央财政进一步加大东北地区企业职工基本养老保险投入力度的情况下，健全社会保障的地方财政投入制度，不断完善社会保障体系，推进城乡居民生活基本医疗保险和养老保险的覆盖率，提高保障水平，推进社会保障的服务体系，发展相关服务产业。加大民生建设资金投入力度，切实解决好人民群众关心的教育、就业、收入、住房、食品安全等问题，坚决守住民生底线。切实做好收入分配的调节工作，协调行业间、城乡间、区域间的收入分配差距问题，提高最低生活保障水平和最低工资标准，提高财政转移支付向低收入群体、低收入地区倾斜力度。

（4）在资源和生态环境保护方面。资源和环境保护是地方政府的重要历史责任，关系到经济能否可持续发展和现有经济成果的保持问题。东北地区以重化工业为基础的经济结构决定了资源和生态保护的重要性，传统的高耗能、高排放的粗放式经济增长方式，极大的浪费了物质资源，并对东北地区的生态环境造成了极大的污染和影响。虽然近些年，东北老工业基地加大了资源和生态环境的治理和保护力度，但资源枯竭的再生和生态环境的修复是一个漫长的过程，保护工作任重而道远。东北老工业基地地方政府应当强化资源和生态保护机制，制定相应的制度法规，采取保护与治理共同推进的方式。在资源和生态环境保护方面，要贯彻落实节能减排的要求，提高资源的有效利用率，形成企业目标责任制，推动生产和消费方式变革，完善污染物排放许可证制度，控制排放总量。在资源和生态环境治理方面，要加大政府财政投入并有效利用民间资本，转变资源枯竭型城市的产业结构和发展方式，对污染行业和污染地区加大治理力度，恢复可再生资源的良性循环，形成可持续利用的发展模式。

## 二、深化地方政府行政体制机制改革

（1）优化地方政府组织结构。东北老工业基地在深化政府组织机构改革，推动地方政府制度创新等方面已经取得了显著成效，但机构繁杂、职能重叠、"官僚主义"等问题依然存在，极大地影响了地方政府的决策和办事效率。东北老工业基地地方政府组织结构仍需要进一步优化，首先应当明确机构职能，分清责任权利，杜绝机构的盲目设立，将具有相同或相近职能的机构和或机构中的部门，进行合并或裁撤，控制人员编制，缩减政府机构人员规模，树立良好的工作作风，彻底解决推诿扯皮，多头管理，责任不明等问题，推进机构设置的科学化和规范化。

（2）深化行政审批制度改革。在行政审批方面，东北老工业基地还需要进一步深化制度改革，大幅减少行政审批事项，凡能取消的一律取消，凡能下放的一律下放，着力简化办事流程，压缩审批时限，提高审批效率，同步强化事中事后监管。

（3）推动地方政府行政法制化。行政法制化，对于地方政府行政体制改革具有十分重要的意义。只有依法行政，才能充分保障行政权力的执行力和可信度，杜绝行政权力的滥用。东北老工业基地地方政府应积极推进地方政府行政法制化建设，全面推行权力清单制度，明确职责权力，杜绝一切法外权力的存在，强化权力监督机制，对一切非法行政行为，坚决追究相关法律责任；建立健全地方政府决策机制，确保决策制度科学、程序正当、过程公开、责任明确，避免"一言堂"和决策随意性；全面推进地方政府政务公开制度，使政府的行政行为接受社会广泛监督，应充分利用现代信息技术手段，有效利用信息服务平台，将与国计民生息息相关的行政信息及时向全社会公开，让广大人民群众参与监督，改善服务质量。

# 附 录

## 表1　2001~2015年东北三省国内生产总值

单位：亿元

| 地区 | 2001年 | 2002年 | 2003年 | 2004年 | 2005年 | 2006年 | 2007年 | 2008年 | 2009年 | 2010年 | 2011年 | 2012年 | 2013年 | 2014年 | 2015年 |
|---|---|---|---|---|---|---|---|---|---|---|---|---|---|---|---|
| 辽宁 | 5033.08 | 5458.22 | 6002.54 | 6672.00 | 8047.26 | 9304.52 | 11164.30 | 13668.58 | 15212.49 | 18457.27 | 22226.70 | 24846.43 | 27213.22 | 28626.58 | 28669.02 |
| 吉林 | 2120.35 | 2348.54 | 2662.08 | 3122.01 | 3620.27 | 4275.12 | 5284.69 | 6426.10 | 7278.75 | 8667.58 | 10568.83 | 11939.24 | 13046.40 | 13803.14 | 14063.13 |
| 黑龙江 | 3390.10 | 3637.20 | 4057.40 | 4750.60 | 5513.70 | 6211.80 | 7104.00 | 8314.37 | 8587.00 | 10368.60 | 12582.00 | 13691.58 | 14454.91 | 15039.38 | 15083.67 |
| 东北三省 | 10543.53 | 11443.96 | 12722.02 | 14544.61 | 17181.23 | 19791.44 | 23552.99 | 28409.05 | 31078.24 | 37493.45 | 45377.53 | 50477.25 | 54714.53 | 57469.10 | 57815.82 |

资料来源：《中国统计年鉴》(2016)。

## 表2　2001~2015年东北三省固定资本形成总额

单位：亿元

| 地区 | 2001年 | 2002年 | 2003年 | 2004年 | 2005年 | 2006年 | 2007年 | 2008年 | 2009年 | 2010年 | 2011年 | 2012年 | 2013年 | 2014年 | 2015年 |
|---|---|---|---|---|---|---|---|---|---|---|---|---|---|---|---|
| 辽宁 | 1444.15 | 1627.56 | 2102.10 | 2925.14 | 4279.75 | 5272.12 | 6297.19 | 8098.60 | 8906.44 | 11079.59 | 13474.62 | 15049.60 | 16479.80 | 15927.43 | 12098.90 |
| 吉林 | 699.65 | 824.20 | 998.10 | 1291.89 | 1802.41 | 2804.29 | 4003.18 | 5608.30 | 6280.53 | 7618.06 | 8355.53 | 9234.98 | 9751.49 | 10372.65 | 11001.19 |
| 黑龙江 | 1125.67 | 1316.93 | 1312.40 | 1676.55 | 1958.70 | 2334.84 | 3036.93 | 3849.13 | 4516.32 | 5630.75 | 6887.46 | 8143.73 | 9432.28 | 9441.47 | 9765.27 |
| 东北三省 | 3269.47 | 3768.69 | 4412.60 | 5893.58 | 8040.86 | 10411.25 | 13337.30 | 17556.03 | 19703.29 | 24328.40 | 28717.61 | 32428.31 | 35663.57 | 36741.55 | 32865.36 |

资料来源：《中国统计年鉴》(2016)。

表3　　　　　　　　　　2001~2015年东北三省财政用于科技术研究的经费

单位：亿元

| 地区 | 2001年 | 2002年 | 2003年 | 2004年 | 2005年 | 2006年 | 2007年 | 2008年 | 2009年 | 2010年 | 2011年 | 2012年 | 2013年 | 2014年 | 2015年 |
|---|---|---|---|---|---|---|---|---|---|---|---|---|---|---|---|
| 辽宁 | 11.80 | 14.70 | 16.20 | 19.50 | 23.40 | 29.10 | 38.69 | 49.02 | 57.49 | 68.90 | 87.20 | 101.24 | 118.99 | 108.82 | 68.92 |
| 吉林 | 5.13 | 5.66 | 5.12 | 5.94 | 7.28 | 8.86 | 11.09 | 13.41 | 18.98 | 19.12 | 21.18 | 24.96 | 37.22 | 36.45 | 41.39 |
| 黑龙江 | 8.78 | 8.90 | 9.29 | 12.10 | 11.70 | 12.50 | 17.47 | 20.09 | 19.96 | 27.69 | 33.23 | 37.64 | 38.61 | 39.46 | 42.91 |
| 东北三省 | 25.71 | 29.26 | 30.61 | 37.54 | 42.38 | 50.46 | 67.25 | 82.52 | 96.43 | 115.71 | 141.61 | 163.84 | 194.82 | 184.73 | 153.22 |

资料来源：《中国统计年鉴》（2002~2016）。

表4　　　　　　　　　　2001~2015年东北三省就业人口

单位：万人

| 地区 | 2001年 | 2002年 | 2003年 | 2004年 | 2005年 | 2006年 | 2007年 | 2008年 | 2009年 | 2010年 | 2011年 | 2012年 | 2013年 | 2014年 | 2015年 |
|---|---|---|---|---|---|---|---|---|---|---|---|---|---|---|---|
| 辽宁 | 1833.38 | 1842.00 | 1861.30 | 1951.60 | 1978.60 | 2128.10 | 2071.26 | 2234.79 | 2230.55 | 2176.10 | 2155.58 | 2106.73 | 2162.07 | 2112.17 | 2049.39 |
| 吉林 | 1057.22 | 1095.30 | 1044.62 | 1115.59 | 1099.41 | 1250.50 | 1096.19 | 1541.02 | 1544.26 | 1548.60 | 1558.86 | 1558.48 | 1598.44 | 1578.42 | 1555.06 |
| 黑龙江 | 1631.00 | 1626.50 | 1622.42 | 1623.33 | 1625.84 | 1784.10 | 1659.86 | 2181.07 | 2172.06 | 2160.00 | 2134.20 | 2122.98 | 2101.79 | 2059.88 | 2003.52 |
| 东北三省 | 4521.60 | 4563.80 | 4528.34 | 4690.52 | 4703.85 | 5162.70 | 4827.31 | 5956.88 | 5946.87 | 5884.70 | 5848.64 | 5788.19 | 5862.30 | 5750.47 | 5607.97 |

资料来源：《中国统计年鉴》（2016）。

表5　2001～2015年东北三省国有与集体单位全社会固定资产投资情况

单位：亿元

| 地区 | 指标 | 2001年 | 2002年 | 2003年 | 2004年 | 2005年 | 2006年 | 2007年 | 2008年 | 2009年 | 2010年 | 2011年 | 2012年 | 2013年 | 2014年 | 2015年 |
|---|---|---|---|---|---|---|---|---|---|---|---|---|---|---|---|---|
| 辽宁 | 全社会固定资产投资 | 1420.96 | 1605.55 | 2076.36 | 2979.59 | 4200.45 | 5689.64 | 7435.23 | 10019.07 | 12292.49 | 16043.03 | 17726.29 | 21836.30 | 25107.66 | 24730.80 | 17917.89 |
|  | 国有与集体单位 | 849.20 | 822.44 | 941.71 | 1269.46 | 1744.55 | 1636.21 | 2042.89 | 2576.07 | 2946.14 | 3881.40 | 3885.94 | 4618.42 | 4808.41 | 4659.91 | 3236.65 |
|  | 外资 | 53.44 | 72.16 | 53.02 | 93.33 | 127.98 | 132.42 | 242.53 | 380.33 | 427.92 | 440.80 | 380.62 | 358.69 | 372.94 | 180.59 | 97.13 |
|  | 自筹 | 785.51 | 927.63 | 1343.04 | 2060.96 | 2932.71 | 4184.75 | 5382.60 | 7326.90 | 9112.02 | 12998.80 | 14291.46 | 17080.93 | 19247.81 | 19569.27 | 13517.85 |
|  | 其他 | 205.29 | 217.55 | 275.48 | 392.79 | 543.22 | 695.63 | 908.16 | 850.02 | 1336.20 | 1814.70 | 2306.63 | 2357.73 | 2722.32 | 1941.92 | 1468.70 |
| 吉林 | 全社会固定资产投资 | 679.7 | 808.00 | 969.03 | 1169.10 | 1741.09 | 2594.34 | 3651.36 | 5038.92 | 6411.60 | 7870.38 | 7441.71 | 9511.50 | 9979.26 | 11339.62 | 12705.29 |
|  | 国有与集体单位 | 399.70 | 375.60 | 449.66 | 504.10 | 700.69 | 810.62 | 1037.71 | 1325.30 | 1825.40 | 2279.20 | 1694.69 | 2105.30 | 2405.96 | 2527.18 | 2961.49 |
|  | 外资 | 20.67 | 18.13 | 11.68 | 20.50 | 35.94 | 60.08 | 50.25 | 76.28 | 48.93 | 53.90 | 66.83 | 55.39 | 27.90 | 11.43 | 24.91 |
|  | 自筹（2001、2002含其他） | 495.14 | 667.98 | 640.39 | 769.41 | 1182.44 | 1852.62 | 2898.84 | 4199.71 | 5249.17 | 6501.60 | 6139.62 | 8202.57 | 8677.05 | 9873.77 | 11260.80 |
|  | 其他 | — | — | 160.01 | 184.24 | 316.32 | 316.09 | 327.32 | 301.59 | 438.13 | 532.20 | 715.47 | 745.09 | 783.47 | 781.84 | 732.77 |
| 黑龙江 | 全社会固定资产投资 | 979.70 | 1086.30 | 1166.18 | 1430.82 | 1737.27 | 2236.00 | 2833.50 | 3655.97 | 5028.83 | 6812.56 | 7475.38 | 9694.70 | 11453.08 | 9828.99 | 10182.95 |
|  | 国有与集体单位 | 566.80 | 578.90 | 605.39 | 666.20 | 815.26 | 922.24 | 1173.58 | 1556.39 | 2128.75 | 2783.50 | 2889.45 | 3204.32 | 3401.50 | 3063.15 | 2953.98 |
|  | 外资 | 12.05 | 15.03 | 15.84 | 13.37 | 19.85 | 30.27 | 37.86 | 36.09 | 50.16 | 35.90 | 22.92 | 28.54 | 10.44 | 31.45 | 12.57 |
|  | 自筹 | 461.92 | 554.89 | 762.56 | 996.21 | 1207.50 | 1560.44 | 2068.95 | 2728.81 | 3799.29 | 5569.50 | 6389.25 | 8509.93 | 10368.87 | 9109.38 | 9333.49 |
|  | 其他 | 132.40 | 114.06 | 136.32 | 149.02 | 224.47 | 328.22 | 410.01 | 462.65 | 586.59 | 766.80 | 824.96 | 910.49 | 1008.91 | 636.06 | 656.64 |
| 东北三省 | 全社会固定资产投资 | 3080.36 | 3499.85 | 4211.57 | 5579.51 | 7678.81 | 10519.98 | 13920.09 | 18713.96 | 23732.92 | 30725.97 | 32643.38 | 41042.50 | 46540.00 | 45899.41 | 40806.13 |
|  | 国有与集体单位 | 1815.70 | 1776.94 | 1996.76 | 2439.76 | 3260.50 | 3369.07 | 4254.18 | 5457.76 | 6900.29 | 8944.10 | 8470.08 | 9928.04 | 10615.87 | 10250.24 | 9152.12 |
|  | 外资、自筹及其他总额 | 2166.42 | 2587.43 | 3398.34 | 4679.83 | 6590.43 | 9160.52 | 12326.52 | 16362.38 | 21048.41 | 28714.20 | 31137.59 | 38249.36 | 43219.71 | 42135.71 | 37104.86 |

资料来源：《中国统计年鉴》（2002～2016）。

表6　2001~2015年东北三省规模以上工业企业销售产值

单位：亿元

| 地区 | 指标 | 2001年 | 2002年 | 2003年 | 2004年 | 2005年 | 2006年 | 2007年 | 2008年 | 2009年 | 2010年 | 2011年 | 2012年 | 2013年 | 2014年 | 2015年 |
|---|---|---|---|---|---|---|---|---|---|---|---|---|---|---|---|---|
| 辽宁 | 总额 | 4360.69 | 4802.07 | 5996.13 | 8442.65 | 10649.01 | 13929.05 | 17895.25 | 24105.81 | 27543.97 | 35441.68 | 41100.74 | 47945.5 | 51734.67 | 48764.29 | 32926.82 |
| 辽宁 | 非国有工业企业 | 1479.25 | 1783.12 | 2487.92 | 3625.14 | 4885.67 | 7524.02 | 9900.02 | 14560.07 | 18365.91 | 24358.81 | 28811.28 | 35141.84 | 39450.26 | 36310.75 | 22871.61 |
| 吉林 | 总额 | 1819.15 | 2126.52 | 2598.89 | 3302.90 | 3737.60 | 4559.88 | 6230.62 | 8220.00 | 9707.39 | 12911.00 | 16636.20 | 19627.62 | 21690.90 | 22963.51 | 22529.20 |
| 吉林 | 非国有工业企业 | 355.58 | 460.30 | 617.36 | 975.35 | 1218.08 | 1726.78 | 2720.64 | 4192.44 | 5300.74 | 7233.86 | 9678.06 | 12176.53 | 13833.42 | 14740.98 | 15443.84 |
| 黑龙江 | 总额 | 2308.85 | 2435.28 | 2854.88 | 3631.96 | 4588.80 | 5359.69 | 6060.62 | 7494.84 | 7146.78 | 9269.34 | 11191.76 | 12253.34 | 13415.89 | 13139.38 | 11523.87 |
| 黑龙江 | 非国有工业企业 | 379.53 | 483.62 | 574.45 | 793.81 | 1064.19 | 1203.58 | 1634.91 | 2405.96 | 2836.81 | 3862.12 | 4850.82 | 5903.66 | 7028.73 | 6935.36 | 6845.75 |
| 东北三省 | 总额 | 8488.69 | 9363.87 | 11449.90 | 15377.51 | 18975.41 | 23848.62 | 30186.49 | 39820.65 | 44398.14 | 57622.02 | 68928.70 | 79826.46 | 86841.46 | 84867.18 | 66979.89 |
| 东北三省 | 非国有工业企业 | 2214.36 | 2727.04 | 3679.73 | 5394.30 | 7167.94 | 10454.38 | 14255.57 | 21158.47 | 26503.46 | 35454.79 | 43340.16 | 53222.03 | 60312.41 | 57987.09 | 45161.20 |

资料来源：《中国统计年鉴》（2002~2016）。

# 参考文献

[1] 常忠诚：《制度创新与东北老工业基地可持续发展的路径选择》，吉林大学博士学位论文，2008年。

[2] 陈华：《中国制度变迁与区域经济增长的空间计量分析》，华东师范大学博士学位论文，2012年。

[3] 陈天祥：《产权、制度化和范式选择——对中国地方政府制度创新路向的分析》，载《中山大学学报（社会科学版）》2003年第1期。

[4] 崔宝敏：《制度变迁：理论与经验——基于诺斯与格雷夫的比较分析视角》，载《经济与管理评论》2014年第2期。

[5] 崔万田、周晔馨：《正式制度与非正式制度的关系探析》，载《教学与研究》2006年第8期。

[6] 单豪杰、沈坤荣：《制度与增长：理论解释及中国的经验》，载《南开经济研究》2007年第5期。

[7] 道格拉斯·C. 诺思：《经济史中的结构与变迁》，上海三联书店1994年版。

[8] 道格拉斯·C. 诺思：《制度、制度变迁与经济绩效》，上海三联书店，上海人民出版社1994年版。

[9] 邓荣霖：《企业制度与企业管理》，载《中国工业经济》2003年第4期。

[10] 邱焕双：《创新与重构：新农村建设背景下的农村社区公共产品供给制度分析》，吉林大学博士学位论文，2014年。

[11] 董晓宇、郝灵艳：《中国市场化进程的定量研究：改革开放30年市场化指数的测度》，载《当代经济管理》2010年第6期。

[12] 樊纲、王小鲁、马光荣：《中国市场化进程对中国经济增长的贡献》，载《经济研究》2011年第9期。

[13] 高翠玲：《内蒙古草原畜牧业生产组织制度创新研究》，内蒙古农业大学博士学位论文，2014年。

[14] 高翔、黄建忠：《对外开放程度、市场化进程与中国省级政府效率——基于 Malmquist—Luenberger 指数的实证研究》，载《国际经贸探索》2017年第10期。

[15] 关晓丽、刘威：《振兴东北老工业基地的制度分析》，载《马克思主义研究》2008年第5期。

[16] 郭凤城：《制和制度创新是振兴东北老工业基地的关键》，载《经济纵横》2003年第11期。

[17] 郭明星、董直庆、王林辉：《经济增长制度决定论的前沿文献综述》，载《经济学动态》2008年第8期。

[18] 何绍田：《制度创新推动中国珠三角新型城镇化研究》，武汉大学博士学位论文，2014年。

[19] 洪名勇：《制度变迁与省区经济的非均衡增长》，载《云南财贸学院学报》2001年第6期。

[20] 黄晖：《中国区域经济非均衡发展的制度分析》，湖南大学博士学位论文，2012年。

[21] 黄亮：《当代中国地方政府创新的动力：要素与模式——基于制度变迁理论的分析》，浙江大学博士学位论文，2017年。

[22] 黄亮：《政府创新研究述评》，载《浙江社会科学》2016年第12期。

[23] 黄少安、韦倩、杨友才：《引入制度因素的内生经济增长模型》，载《学术月刊》2016年第9期。

[24] 黄翔：《民营企业制度创新策略研究——基于中国新兴场域与成熟场域的比较视角》，吉林大学博士学位论文，2016年。

[25] 黄英婷、孙雪峰：《东北老工业基地的制度创新》，载《黑龙江社会科学》2005年第3期。

[26] 计志英：《中国转型期制度变迁与经济增长——实证研究》，复旦大学博士学位论文，2004年。

[27] 纪玉山、李晓林：《体制突围和结构调整是振兴东北老工业基地的根本出路》，载《哈尔滨商业大学学报》2004年第2期。

[28] 金祥荣：《多种制度变迁方式并存和渐进转换的改革道路——"温州模式"》，载《浙江大学学报（人文社会科学版）》2000年第4期。

[29] 金玉国：《宏观制度变迁对转型时期中国经济增长的贡献》，载《财经科学》2001年第2期。

[30] 金玉国：《市场化进程测度：90年代成果总结与比较》，载《经济学家》2000年第5期。

[31] 靳涛：《揭示"制度与增长关系之谜"的一个研究视角——基于中国经济转型与经济增长关系的实证研究（1978—2004）》，载《经济学家》2007年第5期。

[32] 靳文辉：《制度竞争、制度互补和制度学习：地方政府制度创新路径》，载《中国行政管理》2017年第5期。

[33] 康继军、张宗益、傅蕴英：《开放经济下的经济增长模型：中国的经验》，载《数量经济技术经济研究》2007年第1期。

[34] 康继军、张宗益、傅蕴英：《中国经济转型与增长》，载《管理世界》2007年第1期。

[35] 康继军：《中国转型期的制度变迁与经济增长》，重庆大学博士学位论文，2006年。

[36] 孔令宽：《制度变迁中的中国经济增长潜力释放研究》，兰州大学博士学位论文，2008年。

[37] 黎振强、王英：《包含制度因素的宏观经济增长模型》，载《统计与决策》2008年第7期。

[38] 李道刚、马静：《东北老工业基地地方政府的制度缺陷与转型路径》，载《学术交流》2007年第5期。

[39] 李富强、董直庆、王林辉：《制度主导、要素贡献和我国经济增长动力的分类检验》，载《经济研究》2008年第4期。

[40] 李后建：《制度环境、寻租与企业创新》，重庆大学博士学位论文，2014年。

[41] 李小宁：《经济增长的制度分析模型》，载《数量经济技术经济研究》2005年第1期。

[42] 李晓西：《中国市场化改革的推进及其若干思考》，载《改革》2008年第4期。

[43] 林岗、张宇：《产权分析的两种范式》，载《中国社会科学》2000年第1期。

[44] 林木西、和军：《东北振兴的新制度经济学分析》，载《求是学刊》2006年第6期。

[45] 林木西、时家贤：《体制创新振兴东北老工业基地的关键》，载《东北大学学报》2004年第4期。

[46] 林木西：《东北老工业基地制度创新》，辽宁大学出版社2009年版。

[47] 林毅：《制度变迁对中国经济增长影响的实证研究》，西南交通大学博士学位论文，2008年。

[48] 刘红、唐元虎：《现代经济增长：一个制度作为内生变量的模型》，载《预测》2001年第1期。

[49] 刘明越：《国企产权制度改革的逻辑与问题研究》，复旦大学博士学位论文，2013年。

[50] 刘瑞超：《中国产权区域制度对经济增长影响研究》，东北师范大学博士学位论文，2014年。

[51] 刘瑞明、白永秀：《财政分权、制度创新与经济增长》，载《制度经济学研究》2007年第4期。

[52] 刘易斯：《经济增长理论》商务印书馆1983年版。

[53] 刘银：《中国区域经济协调发展制度研究》，吉林大学博士学位论文，2014年。

[54] 卢中原、胡鞍钢：《市场化改革对我国经济运行的影响》，载《经济研究》1993年第12期。

［55］陆建新：《中国制度创新中的地方政府行为悖论》，中国人民大学博士学位论文，1997年。

［56］罗雨薇：《市场化指数、治理结构与企业绩效关系研究》，载《统计与决策》2014年第24期。

［57］年志远：《振兴东北老工业基地的制度经济学思考》，载《经济纵横》2004年第6期。

［58］潘士远：《内生制度与经济增长》，载《浙江社会科学》2005年第5期。

［59］皮建才：《制度变迁、技术进步与经济增长——一个总结性分析框架》，载《经济经纬》2006年第6期。

［60］蒲小川：《中国区域经济发展差异的制度因素研究》，复旦大学博士学位论文，2007年。

［61］沈灿煌：《我国民（私）营经济产权制度创新研究》，厦门大学博士学位论文，2009年。

［62］宋冬林、赵新宇：《制度因素对经济增长影响的实证分析——以吉林省为例》，载《经济纵横》2005年第1期。

［63］汤吉军：《投资成本补偿与东北老工业基地国企制度创新》，载《经济与管理研究》2005年第5期。

［64］汪丁丁：《制度创新的一般理论》，载《经济研究》1992年第5期。

［65］汪秀琼：《制度环境对企业跨区域市场进入模式的影响机制研究》，华南理工大学博士学位论文，2011年。

［66］王宏：《东北地区的制度创新分析》，载《黑龙江社会科学》2004年第1期。

［67］王华：《中国GDP数据修订与资本存量估算：1952—2015》，载《经济科学》2017年第6期。

［68］王军、邹广平、石先进：《制度变迁对中国经济增长的影响——基于VAR模型的实证研究》，载《中国工业经济》2013年第6期。

［69］王瑞泽、李国锋、张广现：《制度因素影响经济增长的模型

分析》，载《山东经济》2007 年第 6 期。

［70］王瑞泽：《制度变迁下的中国经济增长研究》，首都经济贸易大学博士学位论文，2006 年。

［71］王涛生：《制度创新影响国际贸易竞争优势的机理、模型与实证研究》，湖南大学博士学位论文，2013 年。

［72］王文博、陈昌兵、徐海燕：《包含制度因素的中国经济增长模型及实证分析》，载《统计研究》2002 年第 5 期。

［73］王燕：《区域经济发展的自主创新理论研究》，东北师范大学博士学位论文，2007 年。

［74］王泽填：《经济增长中的制度因素研究》，厦门大学博士学位论文，2007 年。

［75］王子林：《中国私营企业成长与制度创新研究》，吉林大学博士学位论文，2014 年。

［76］翁列恩：《地方政府创新的动因考察与测度研究》，载《探索》2017 年第 1 期。

［77］吴艳玲：《演化经济学视角下的东北老工业基地制度变迁》，辽宁大学博士学位论文，2008 年。

［78］吴自聪：《东北老工业基地产业结构调整的制度分析和路径选择》，载《经济纵横》2004 年第 12 期。

［79］熊德义：《中国经济增长的制度因素分析》，中共中央党校博士学位论文，2007 年。

［80］徐传谌、王志刚：《加快制度创新完善东北老工业基地的要素市场》，载《东北亚论坛》2005 年第 5 期。

［81］徐传谌、杨圣奎：《东北老工业基地的制度"解锁"与制度创新——兼评关于老工业基地落后成因争鸣的各家观点》，载《东北亚论坛》2006 年第 3 期。

［82］徐传谌、庄慧彬：《制度创新是振兴东北老工业基地的关键》，载《学习与探索》2004 年第 1 期。

［83］徐传谌、庄慧彬：《加快市场化制度创新振兴东北老工业基

地》，载《经济与管理研究》2004年第2期。

[84] 许春明：《知识产权制度与经济增长的机制研究》，同济大学博士学位论文，2008年。

[85] 严汉平：《西部经济发展中制度因素分析与制度创新主体角色定位及转换》，西北大学博士学位论文，2004年。

[86] 杨代刚：《制度环境与区域科技创新能力的关系研究》，东北财经大学博士学位论文，2013年。

[87] 杨瑞龙、杨其静：《阶梯式的渐进制度变迁模型——再论地方政府在我国制度变迁中的作用》，载《经济研究》2000年第3期。

[88] 杨瑞龙：《我国制度变迁方式转换的三阶段论》，载《经济研究》1998年第1期。

[89] 杨友才、俞宗火、徐进：《制度与经济增长的实证研究经典文献回顾与述评》，载《理论学刊》2013年第3期。

[90] 杨友才：《包含制度因素的两部门经济增长模型》，载《山东大学学报》2010年第8期。

[91] 杨友才：《引入制度因素的经济增长模型与实证研究》，山东大学博士学位论文，2009年。

[92] 杨友才：《制度变迁、路径依赖与经济增长：一个数理模型分析》，载《制度经济学研究》2010年第6期。

[93] 杨友才：《制度变迁、路径依赖与经济增长的模型与实证分析——兼论中国制度红利》，载《山东大学学报》2015年第4期。

[94] 杨友才：《制度与经济增长：一个数理模型分析》，载《山东大学学报》2008年第1期。

[95] 伊淑彪：《产权安全制度与经济增长研究》，山东大学博士学位论文，2011年。

[96] 易纲、樊纲、李岩：《关于中国经济增长与全要素生产率的理论思考》，载《经济研究》2003年第8期。

[97] 余泳泽、刘凤娟、张少辉：《中国工业分行业资本存量测算：1985—2014》，载《产业经济评论》2017年第11期。

[98] 俞可平：《中美两国"政府创新"之比较——基于中国与美国"政府创新奖"的分析》，载《学术月刊》2012 年第 3 期。

[99] 郁建兴、黄飚：《当代中国地方政府创新的新进展——兼论纵向政府间关系的重构》，载《政治学研究》2017 年第 5 期。

[100] 郁建兴、黄亮：《当代中国地方政府创新的动力：基于制度变迁理论的分析框架》，载《学术月刊》2017 年第 2 期。

[101] 袁庆明：《新制度经济学》，中国发展出版社 2005 年版。

[102] 曾凯：《新经济史视角下的社会结构演进、制度变迁与长期经济增长》，西北大学博士学位论文，2010 年。

[103] 曾祥炎：《基于宏观产权制度分析框架的中国经济增长研究》，辽宁大学博士学位论文，2009 年。

[104] 翟功利：《中国地方政府制度创新研究》，辽宁大学博士学位论文，2015 年。

[105] 张桂文、徐世江：《东北老工业基地制度创新体系研究》，经济科学出版社 2011 年版。

[106] 张国红、王晓丽：《振兴东北老工业基地中的制度分析》，载《商业研究》2005 年第 3 期。

[107] 张健：《制度与经济发展和增长理论综述》，载《经济问题探索》2002 年第 10 期。

[108] 张今声：《振兴东北老工业基地关键在创新》，载《经济社会体制比较》2004 年第 4 期。

[109] 张锦华：《老工业基地振兴中的企业制度创新》，载《沈阳大学学报》2004 年第 3 期。

[110] 张军、吴桂英、张吉鹏：《中国省际物质资本存量估算：1952—2000》，载《经济研究》2004 年第 10 期。

[111] 张军：《推进我国城乡一体化的制度创新研究》，东北师范大学博士学位论文，2013 年。

[112] 张伟东：《东北老工业基地制度分析：路径依赖与制度创新》，载《开发研究》2005 年第 5 期。

[113] 张璇：《国有企业创新激励的影响因素及制度设计研究》，合肥工业大学博士学位论文，2013年。

[114] 张艳娥：《中国特色社会主义制度创新研究》，陕西师范大学博士学位论文，2014年。

[115] 张云、赵富森、仲伟冰：《市场化程度对高技术产业自主创新影响的研究——基于面板分位数回归方法》，载《工业技术经济》2017年第12期。

[116] 章安平：《内含制度因素的中国经济增长模型及实证分析》，载《统计与决策》2005年第6期。

[117] 赵晨：《地方政府、制度创新与经济发展方式转型》，华中科技大学博士学位论文，2012年。

[118] 赵康杰：《资源型地区农村可持续发展的制度创新研究》，山西财经大学博士学位论文，2012年。

[119] 赵宁：《中国经济增长质量提升的制度创新研究》，武汉大学博士学位论文，2012年。

[120] 甄志宏：《正式制度与非正式制度的冲突与融合——中国市场化改革的制度分析》，吉林大学博士学位论文，2004年。

[121] 周海江：《现代企业制度的中国化研究》，中国社会科学院研究生院博士学位论文，2014年。

[122] 朱孟才：《东北经济振兴的制度创新模式选择》，载《长白学刊》2005年第5期。

[123] 庄子银、邹薇：《制度变迁理论与中国经济改革的方式选择》，载《武汉大学学报》1996年第1期。

[124] 卓凯：《非正规金融、制度变迁与经济增长》，华中科技大学博士学位论文，2005年。

[125] 邹薇、庄子银：《分工交易与经济增长》，载《中国社会科学》1996年第3期。

[126] Andrew G. Walder. Local governments as industrial firms: an organizational analysis of China's transitional economy [J]. American Sociologi-

cal Review, 1995, 101 (2): 263 -301.

[127] Angelopoulos, K. , G. Economides & V. Vassilatos. Do institutions matter for economic fluctuations? Weak property rights in a business cycle model for Mexico. Review of Economic Dynamics, 2011, 14 (3): 511 -531.

[128] Aoki Masahiko. A Model of the Firm as a Stockholder – Employee Cooperative Game [J]. American Economic Review, 1980, 70 (4): 600 -610.

[129] Arrow KJ. The economic implication of learning by doing [J]. Review of Economic Studies, 1962, 29 (6): 155 -173.

[130] Arthur W. B. Increasing Returns and Path Dependence in the Economy [M]. Ann Arbor: University of Nichigan Press, 1994.

[131] Barro Robert J. Government Spending in a Simple Model of Endogenous Growth [J]. Journal of Political Economy, 1990, 98 (10): 103 -125.

[132] Barro Robert J. , X. Sala – i – Martin. Economic Growth [M]. New York: McGraw Hill, 1995.

[133] Barry R. Weingast. The congressional bureaucratic system: A principal agent perspective [J]. Public Choice, 1984, 44 (1): 147 - 191.

[134] Barry R. Weingast. The economic role of political institutions: market-preserving federalism and economic development [J]. Journal of Law, Economics & Organization, 1995, 11 (1): 1 -31.

[135] BerghA. , M. Henrekson. Government size and growth: a survey and interpretation of the evidence [J]. Journal of Economic Surveys, 2011, 25 (5): 872 -897.

[136] Bhattacharyya S. Unbundled institutions, human capital and growth [J]. Journal of Comparative Economics, 2009, 37 (1): 106 - 120.

[137] Blackburn K., N. Bose, and M. E. Haque. Public Expenditures, Bureaucratic Corruption and Economic Development [J]. Manchester School, 2011, 79 (3): 405-428.

[138] Brennan G., Buchanan J. The Power to Tax: Analytical Foundations of a Fiscal Constitution [M]. Cambridge: Cambridge University Press, 1980.

[139] Brett Hawkins, Keith J. Ward & Mary P. Becker. Governmental consolidation as a Strategy for metropolitan development [J]. Public Administration Quarterly, 1991.

[140] Chen Yung-Ray, Yang Chyan & Wang Yau-De, et al. Entry mode choice in China's regional distribution markets: institution vs. transaction costs perspectives [J]. Industrial Marketing Management, 2009, 38 (7): 702-713.

[141] Daly, S. Institutional Innovation in Philanthropy: Community Foundations in the UK. VOLUNTAS: International Journal of Voluntary and Nonprofit Organizations, 2008, 19 (3): 219-241.

[142] Daron Acemoglu, Simon Johnson, and James A. Robinson. Institutional Causes, Macroeconomic Symptoms: Volatility, Crises and Growth [J]. Journal of Monetary Economics, 2003, 50 (1): 49-123.

[143] Daron Acemoglu, Simon Johnson, and James A. Robinson. Reversal of Fortune: Geography and Institutions in the Making of the Modern World Income Distribution [J]. Quarterly Journal of Economics, 2002, 117 (4): 1231-1294.

[144] Davis L. S. Institutional flexibility and economic growth [J]. Journal of Comparative Economics, 2010, 38 (3): 306-320.

[145] Davis L. S. Scale effects in growth: A role for institutions [J]. Journal of Economic Behavior & Organization, 2008, 66 (2): 403-419.

[146] Economides G, Egger P. The role of institutions in economic outcomes: Editorial introduction [J]. European Journal of Political Economy,

2009, 25 (3): 277-279.

[147] Edin M. Market forces and communist power: local political institutions and economic development in China [M]. Uppsala University Press, 2000.

[148] Efendic A., Pugh G., and Adnett N. Institutions and economic performance: a meta-regression analysis [J]. European Journal of Political Economy, 2011, 27 (3): 586-599.

[149] Feld L. P., G. Kirchgassner and CH. A. Schaltergger. Decentralized Taxation and the Size of Government: Evidence from Swiss State and Local Governments [A]. CESifo Working Paper [C]. 2003.

[150] Fisman, Raymond and Roberta Gatti. Decentralization and Corruption: Evidence from U. S. Federal Transfer Programs [J]. Public Choice, 2002, 113 (2): 25-35.

[151] Gordon R. An Optimal Tax Approach to Fiscal Federalism [J]. Quarterly Journal of Economics, 1983, 97 (3): 567-586.

[152] Greif A. Historical and comparative institutional analysis [J]. American Economic Review, 1998, 88 (5): 80-84.

[153] Greif A. Reputation and Coalitions in Medieval Trade: Evidence on the Maghribi Traders [J]. Journal of Economic History, 1989, 49 (4): 857-882.

[154] Haggard S. Institutions and growth in East Asia [J]. Studies in Comparative International Development, 2004, 38 (4): 53-81.

[155] Hisamoglu E., EU membership, institutions and growth: The case of Turkey. Economic Modelling, 2014 (38): 211-219.

[156] Huther, Jeff, & Anwar Shah (1998). A Simple Measure of Good Governance and Its Application to the Debate on Fiscal Decentralization [A]. World Bank Policy Research Working Paper [A]. Washington D. C: World Bank, 1998.

[157] James L. Butkiewicz, Halit Yanikkaya. Institutional quality and

economic growth: maintenance of the rule of law or democratic institutions, or both? Economic Modelling, 2006, 23 (4): 648 – 661.

[158] Judge W. Q. , McNatt D. B. & Xu Weichu. The antecedents and effects of national corruption: a meta-analysis [J]. Journal of World Business, 2011, 46 (1): 93 – 103.

[159] Kieron Walsh. Public Services and Market Mechanism [M]. Macmillan Press LTD, 1995.

[160] Koopmans, Tjalling C. On the Concept of Optimal Economic Growth [M]. In the Econometric Approach to Development Planning, Amsterdam: North Holland, 1965.

[161] Law S. H. , Lim T. C. , & Ismail N. W. Institutions and economic development: a granger causality analysis of panel data evidence [J]. Economic Systems, 2013, 37 (4): 610 – 624.

[162] Leite D. N. , Silva S. T. & Afonso O. Institutions, economics and the development quest [J]. Journal of Economic Surveys, 2014, 28 (3): 491 – 515.

[163] Lindaman K. , Thurmaier K. Beyond Efficiency and Economy: An Examination of Basic Needs and Fiscal Decentralization [J]. Economic Development and Cultural Change, 2002, 50 (4): 915 – 934.

[164] Lucas, Robert E. Jr. On the Mechanics of Economic Development [J]. Journal of Montary Economics, 1988, 22 (1): 3 – 42.

[165] Mancur Olson. The Economics of Autocracy and Majority Rule: The Invisible Hand and the Use of Force [J]. Journal of Economic Literature, 1996, 34 (3): 72 – 96.

[166] Mancur Olson. The Rise and Decline of Nations: Economic Growth, Stagflation, and Social Rigidities [M]. YaleUniversity Press, 1982.

[167] Mauro, Paolo: "Corruption and Growth", Quarterly Journal of Economics, 1995, 110 (3): 681 – 712.

[168] Minier J. Institutions and parameter heterogeneity. Journal of Macroeconomics, 2007, 29 (3): 595 -611.

[169] Moe Terry. The New Economics of Organization [J]. American Journal of Political Science, 1984, 28 (4): 739 -777.

[170] Musole M. Property rights, transaction costs and institutional change: conceptual framework and literature review [J]. Progress in Planning, 2009, 71 (2): 43 -85.

[171] Niskanen William. Bureaucracy and Representative Government [M]. Aldine Transaction, 2007.

[172] North Douglas. A framework for analyzing the state in economic history [J]. Explorations in Economic History, 1979, 16 (3): 249 -259.

[173] North Douglas. A transaction cost theory of politics [J]. Journal of Theoretical Politics, 1990, 2 (4): 355 -367.

[174] North Douglas. Economic Performance through Time [J]. American Economic Review, 1994, 84 (3): 359 -368.

[175] North Douglas. Institution, institutional change and economic performance [M]. CambridgeUniversity Press, 1990.

[176] North Douglas. Structure and change in economic history [M]. W. W. Norton & Co, 1981.

[177] North Douglas. Understanding the Process of Economic Change [M]. PrincetonUniversity Press, 2005.

[178] Oi Jean. Rural China takes off: institutional foundations of economic reform [M]. University of California Press, 1999.

[179] Oi Jean. The role of the local state in China's transitional economy [J]. The China Quarterly, 1995, 144 (1): 1132 -1149.

[180] Oliver E. Williamson. The new institutional economics taking stock, looking ahead [J]. Journal of Economiec Literature, 2000, 38 (3): 595 -613.

[181] Philippe Aghion, Jean Tirole. Formal and Real Authority in Or-

ganization [J]. The Journal of Political Economy, 1997, 105 (1): 1-29.

[182] Putterman L. Institutions, social capability, and economic growth [J]. Economic Systems, 2013, 37 (3): 345-353.

[183] Schmookler J. Invention and Economic Growth [M]. Harvard University Press, 1966.

[184] Scully G. W. The Institutional framework and economic development [J]. Journal of Political Economy, 1988, 96 (3): 652-662.

[185] Scully G. W. Constitutional framework and economic growth [M]. Princeton: Princeton University Press, 1992.

[186] Siddiqui D. A., Ahmed Q. M. The effect of institutions on economic growth: A global analysis based on GMM dynamic panel estimation [J]. Structural Change and Economic Dynamics, 2013, 24 (1): 18-33.

[187] Solow, R. M. A Contribution to the Theory of Economic Growth [J]. Quarterly Journal of Economics, 1956 (70): 65-94.

[188] Steer, L., Sen K. Formal and informal institutions in a transition economy: the case of Vietnam [J]. World Development, 2010, 38 (11): 1603-1615.

[189] Swan, Trevor W. Economic Growth and Capital Accumulation [J]. Economic Record, 1956, 32 (12): 334-361.

[190] ThiessenU. Fiscal Decentralisation and Economic Growth in High-Income OECD Countries [J]. Fiscal Studies, 2003, 24 (3): 237-274.

[191] Tiebout C. M. A pure theory of total expenditures [J]. Journal of Political Economy, 1956, 64 (5): 416-424.

[192] Vaal A., Ebben W. Institutions and the relation between corruption and economic growth [J]. Review of Development Economics, 2011, 15 (1): 108-123.

[193] Vieira F., MacDonald R. & Damasceno A. The role of institutions in cross-section income and panel data growth models: A deeper investi-

gation on the weakness and proliferation of instruments [J]. Journal of Comparative Economics, 2012, 40 (1): 127 – 140.

[194] Wagner A. F. , Schneider F. & Halla M. The quality of institutions and satisfaction with democracy in Western Europe—a panel analysis [J]. European Journal of Political Economy, 2009, 25 (1): 30 – 41.

[195] Weingast, B. The economic role of political institutions: market-preserving federalism and economic development [J]. Journal of Law, Economics, and Organization, 1995 (11): 1 – 31.

# 后　　记

本书是在我博士学位论文的基础之上修改完成的，回首攻读博士学位、博士论文和本书撰写期间的点点滴滴，既有艰辛和苦涩，也有幸福与快乐，这一段时光也必将成为我人生中最珍贵的回忆和最宝贵的财富。

在本书稿即将完成之际，我首先要感谢恩师林木西教授，从2008年留校工作至今，十年间恩师不仅在学业上给予我悉心的指导，更在生活和工作中给予我巨大的帮助，恩师深厚的学术造诣、严谨的治学精神和不辞辛劳的工作作风，以及在做人、做事上的人生态度，都是我终生学习的榜样和奋斗的目标。学位论文和书稿在选题、结构设计、内容撰写过程中无不倾注了恩师的大量心血，恩师对论文和书稿进行修改的手稿，我将永远珍藏，以成为鞭策我不断奋进的动力。对恩师的感恩之情难以言表，更难以报答，唯有在今后的工作和学习生活中加倍努力，争取更大的成绩，不辜负恩师的希望！

在此，我还要感谢马树才教授、李华教授、张虹教授和赵德起教授，在博士学位论文和书稿撰写中给予的宝贵建议和悉心指导，正是各位教授的不吝赐教，才使得本书得以更加的成熟和完善。感谢宋琪副教授，在本书模型的设计和完善上给予的巨大帮助，感谢王璐老师、谭啸老师、李楠老师在本书撰写期间提供的巨大帮助，正是大家通过牺牲个人的宝贵时间，为我创造了珍贵的写作时间和良好的写作环境，才使得本书能够如此顺利地完成。

最后，还要感谢我的家人。在我工作和学习生活中，母亲、妻子和女儿给予了我巨大的理解和帮助。母亲和妻子不辞辛苦的操持家务以及全身心的投入女儿的教育和培养，宝贝女儿的聪明伶俐和善解人意，为我能够将主要精力投入到论文和书稿的撰写中提供了宝贵的时间和空间，也为我工作和学习之余带来了无比的幸福和快乐，并成为激励我努力工作和学习的动力。

梁颢鹏

2019 年 4 月